陈善志　冯建民　著

新时代高校学生学业挑战度提升研究

中国科学技术大学出版社

内容简介

本书通过对高校大学生学业负担的剖析,追溯学业挑战度的起源与变迁,深入探寻大学生学业挑战度的发展规律和逻辑起点。本书在结合学业挑战度相关理论的基础上,围绕学校氛围、学生学习性投入、课程能力要求、学习满意度等维度对新时代高校大学生进行了调研,综合测量学生学业挑战度水平,再现在校大学生的学习经历和体验,深入分析新时代高校学生学业挑战度的现状。

图书在版编目(CIP)数据

新时代高校学生学业挑战度提升研究/陈善志,冯建民著. —合肥:中国科学技术大学出版社,2023.10

ISBN 978-7-312-05719-9

Ⅰ. 新⋯ Ⅱ. ①陈⋯ ②冯⋯ Ⅲ. 高等学校—学业评定—研究 Ⅳ. G642.475

中国国家版本馆 CIP 数据核字(2023)第 137915 号

新时代高校学生学业挑战度提升研究
XIN SHIDAI GAOXIAO XUESHENG XUEYE TIAOZHANDU TISHENG YANJIU

出版	中国科学技术大学出版社 安徽省合肥市金寨路96号,230026 http://press.ustc.edu.cn https://zgkxjsdxcbs.tmall.com
印刷	安徽省瑞隆印务有限公司
发行	中国科学技术大学出版社
开本	787 mm×1092 mm　1/16
印张	8.25
字数	200 千
版次	2023 年 10 月第 1 版
印次	2023 年 10 月第 1 次印刷
定价	39.00 元

序

  高等教育人才培养质量,一直是党和政府关心的问题,更是社会大众议论的热门话题。我国高等教育从20世纪90年代末的高校大扩招,历经20余年的快速发展,实现了从精英阶段到大众化阶段再到普及化阶段的历史性跨越,成为了名副其实的世界第一高等教育大国,已建成世界最大规模高等教育体系。

  国家发展靠人才,民族振兴靠人才。党的十八大以来,习近平总书记高度重视高等教育发展和人才培养工作,进行过重要论述和做出过重大部署。他指出,我们比历史上任何时期都更加接近实现中华民族伟大复兴的宏伟目标,也比历史上任何时期都更加渴求人才。人才是衡量一个国家综合国力的重要指标。我们必须增强忧患意识,更加重视人才自主培养,加快建立人才资源竞争优势。过去的10年里,全国高等教育掀起了高质量发展的热潮。2018年6月21日,教育部在四川大学召开新时代高等学校本科教育工作会议,提出坚持"以本为本",推进"四个回归",加快建设高水平本科教育,建设具有中国特色、世界水平的一流本科教育。同年9月,教育部又发布了《关于狠抓新时代全国高等学校本科教育工作会议精神落实的通知》,提出淘汰"水课"、打造"金课",合理提升学业挑战度、增加课程难度、拓展课程深度,切实提高课程教学质量。同年11月,教育部印发了《关于加快建设高水平本科教育,全面提高人才培养能力的意见》,即简称的"新时代高教40条",重申"本科生是高素质专门人才培养的最大群体,本科阶段是学生世界观、人生观、价值观形成的关键阶段,本科教育是提高高等教育质量的最重要基础"。"办好我国高校,办出世界一流大学,人才培养是本,本科教育是根"。2019年10月,教育部又发布了《关于深化本科教育教学改革全面提高人才培养质量的意见》,进一步表示要提升学业挑战度,强化人才培养方案、教学过程和教学考核等方面的质量要求。教育部高等教育司在2022年工作要点中提出,一是实施新时代高等教育育人质量工程,二是实施卓越拔尖人才培养计划,建设高质量人才培养体系,提高人才供给自主可控能力,全面提升高等教育人才培养的根本质量。可见,我国高等教育进入了内涵式、高质量发展的历史阶段。

  学业挑战度是体现高校教育质量的重要指标。合理提升大学生学业挑战度对保障高等教育质量具有积极作用,有利于改变我国高等教育质量下滑和大学"严进宽出"现状。在新时代背景下,提升学业挑战度在提高人才培养质量、增强大学生就业核心竞争力、缩小我国高等教育与教育发达国家间的差距、实现本科教育的振兴、构筑高等教育强国梦等方面具有突出的时代意蕴。

也正是基于这样的时代背景,我将指导的第一个高等教育学专业的研究生的学位论文选题确定为"新时代地方高校本科生学业挑战度提升研究"。我觉得这一选题很有现实意义,也比较新颖,但实际研究起来却难度不小。首先,何谓学业挑战度?欲明确对其进行内涵和外延的界定,本身就是一大难点。善志作为一名有志青年,虽然以专科学历出身背景考取研究生,但是在他身上有着不怕困难、勤奋好学的优良品质。还记得当时在选择导师的时候,个别导师因其学历低而拒绝。学院领导问我的意见时,我没有迟疑地将其收入门下。考虑到其教育学学科基础薄弱,我告诉他不要着急发论文,先把相关的学科基础打牢。这段时间,我记得他曾写过一篇关于高职专科生创新创业的小文章,第一次发给我看的时候,写得确实不太好。我就以这篇小论文如何写作为契机,指导他如何写作、应该注意哪些问题。经过一个学期的专业学习,我发现他的知识基础已经差不多了,就开始以"命题式作文"的方式给他施加写作任务,以锻炼其写作能力。实践证明,这种指导研究生的方式效果明显。他在3年时间里,在《宁波工程学院学报》《教育与考试》《滁州学院学报》《应用型高等教育研究》等期刊发表6篇学术论文。

善志毕业后去了一所高校工作,我们时常通信联系。我总是鼓励他一定要不断地提高自己,充分利用学生管理的便利,加深高等教育研究,保持学术研究的持续性和敏感度。同时,我也提出了合作出版学术著作的设想,即在其硕士毕业论文的基础上,从历史的视野、现实的视野和比较的视野进一步对其扩充完善,达到学术著作的要求。

我一向秉持互相尊重、民主平等的师生关系。无论是我指导的本科生,还是研究生,都与我相处得比较融洽。善志作为我的第一个学术型研究生,毕业之后与我沟通交流密切。希望他要保持身上那种勤奋上进的精气神,将理论与实践结合起来,在高等教育管理实践中不断提升,成就自我。

冯建民

2023年5月于济南

前　言

随着我国高等教育正式迈入普及化阶段,构建高水平人才培养体系,提高高校人才培养能力愈发迫切。给大学生合理"增负",增加课程难度,提升高校本科生学业挑战度,把好毕业关,对全面振兴本科教育、建设高等教育强国,具有重要意义。

本书通过对大学生学业负担和课业负担的剖析,追溯学业挑战度的起源与变迁,深入探寻大学生学业挑战度的发展规律和逻辑起点。在结合学业挑战度相关理论的基础上,围绕学校氛围、学生学习性投入、课程能力要求、学习满意度等对地方高校H大学本科生进行调研。并结合H大学2017—2019届本科毕业生毕业、学位资格审核简况文本,系统分析毕业生结业和延长修业年限的原因,综合评估本科生学业挑战度水平,再现在校大学生的学习经历和体验,深入透视地方高校本科生学业挑战度的现状。根据调查数据和文本分析结果系统总结地方高校本科生学业挑战度偏低的问题与原因。同时参照、借鉴国外高等教育质量保障的成功经验,结合国内高校在振兴本科教育、深化教育教学改革的探索实践,以期从学生、教师、教学管理、教学改革、组织保障、质量标准等方面适当提高地方高校本科生的学业挑战度,切实保障人才培养质量。

目　　录

序 …………………………………………………………………………………（ⅰ）

前言 ………………………………………………………………………………（ⅲ）

第一章　导论 …………………………………………………………………（1）
　　一、学业挑战度的时代背景 ……………………………………………（1）
　　二、学业挑战度的相关研究 ……………………………………………（3）
　　三、学业挑战度提升的目的与意义 ……………………………………（11）

第二章　学业挑战度的起源与变迁 …………………………………………（13）
　　一、学业挑战度的起源 …………………………………………………（13）
　　二、学业挑战度的变迁 …………………………………………………（19）

第三章　概念界定与理论基础 ………………………………………………（23）
　　一、概念界定 ……………………………………………………………（23）
　　二、理论基础 ……………………………………………………………（25）
　　三、影响学业挑战度的因素分析 ………………………………………（27）

第四章　地方高校本科生学业挑战度的现状调查 …………………………（30）
　　一、调查方案 ……………………………………………………………（30）
　　二、调查过程 ……………………………………………………………（31）
　　三、调查结果与分析 ……………………………………………………（32）
　　四、文本分析 ……………………………………………………………（54）

第五章　地方高校本科生学业挑战度存在的问题及原因 …………………（70）
　　一、地方高校本科生学业挑战度存在的问题 …………………………（70）
　　二、地方高校本科生学业挑战度较低的原因 …………………………（73）

第六章　国外大学学习和质量保障经验分析 ………………………………（75）
　　一、英国大学发展的经验与启示 ………………………………………（75）
　　二、美国大学发展的经验与启示 ………………………………………（77）
　　三、德国大学发展的经验与启示 ………………………………………（79）
　　四、日本大学发展的经验与启示 ………………………………………（81）

第七章　国内振兴本科教育的改革和探索 …………………………（84）
　　一、深化本科教育教学改革 ……………………………………（84）
　　二、建立学生学业警示及帮扶机制 ……………………………（89）
　　三、深化教育评价改革,加大本科毕业论文抽检力度 ………（93）

第八章　提升地方高校本科生学业挑战度的路径 ………………（96）
　　一、学生回归常识,合理增加学业负担 ………………………（96）
　　二、教师回归本分,潜心教书育人 ……………………………（98）
　　三、严格教学管理,完善学业考评机制 ………………………（99）
　　四、深化教学改革,提高教学质量 ……………………………（101）
　　五、强化组织保障,营造良好氛围 ……………………………（102）
　　六、重视主体地位,构建普及化的质量标准 …………………（104）

第九章　结论与展望 …………………………………………………（106）
　　一、结论 …………………………………………………………（106）
　　二、展望 …………………………………………………………（107）

附录一　地方高校本科生学业挑战度调查问卷 …………………（109）

附录二　部分高校关于深化本科教育教学改革的文件 …………（114）

附录三　部分高校学业预警制度 …………………………………（116）

附录四　部分省市本科毕业论文抽检规定 ………………………（117）

参考文献 ……………………………………………………………（118）

后记 …………………………………………………………………（123）

第一章 导　　论

学业挑战度是体现高校教育质量的重要指标。合理提升大学生学业挑战度对保障高等教育质量具有积极作用,有利于改变大学"严进宽出"的现状。在新时代背景下,提升学业挑战度在提高人才培养质量、增强大学生就业核心竞争力、缩小我国高等教育与教育发达国家间的差距、实现本科教育的振兴、构筑高等教育强国梦等方面具有突出作用。

一、学业挑战度的时代背景

（一）高等教育"量"的进步

高等教育在国家的经济、政治、科技、文化的发展中占有重要地位。新中国成立以来,我国高等教育发生了翻天覆地的变化。据教育部统计,我国本科生在校生人数由1949年的9.39万人增长到2021年的1893.10万人,各类高等教育在学总人数由1949年的11.70万人增长到2021年的4430万人。随着2019年高职扩招百万目标的达成,我国高等教育正式迈入普及化阶段,高等教育毛入学率由1949年的0.26%提升到2021年的57.80%。在高校数量方面,1949年全国仅有205所高等学校,到了2022年,全国高等学校共计3013所,其中普通高等学校2759所（含本科院校1270所、专科院校1489所）、成人高等学校254所。普通高等学校是我国高等教育体系的重要基础,在我国高等教育体系中占据主导地位。从普通高等学校主管部门来看,中央部属高校118所,约占普通高等学校的4.30%,地方高校2641所,约占普通高等学校的95.70%,地方高校是我国高等教育发展的主要力量。我国本科教育在高等教育中体量规模最大,本科生培养质量直接影响到我国高层次人才培养质量。

经过高校扩招二十余年的积累以及高职扩招百万的飞跃式增长,目前,我国高等教育正式迈入普及化阶段,已建成全世界规模最大的高等教育体系。当今世界正在经历百年未有之大变局,高等教育也处在信息技术变革的浪尖上。面对本科高校过度扩招造成的高等教育质量下滑以及"双一流"建设政策的颁布打破了原有的部分高校对高等教育资源垄断格局,再加上高等教育普及化带来的强势冲击,在高等教育市场更加开放的背景下,社会各界对高等教育已不再满足于"量"的进步,新时代地方高校的转型发展和质量建设面临着全新的机遇和挑战。

（二）高等教育"质"的追求

随着高等教育在社会发展与国际竞争中发挥着越来越重要的作用，政府、社会、高校对高等教育的质量也越来越重视。

早在2014年，我国第一份《中国工程教育质量报告》就指出，对中国大学生学习与发展追踪研究与"工科学生在校满意度"的相关数据分析显示，工科学生在校满意度并不明显优于其他科类学生，高年级学生满意度高于低年级学生满意度；工科学生学习性投入情况总体不容乐观，在学业挑战度、师生互动、校园环境支持等方面应引起足够重视。党的十九大以来，习近平总书记高度重视高等教育在人才培养中的作用，认为"人才是实现民族振兴、赢得国际竞争主动的战略资源。要坚持党管人才原则，聚天下英才而用之，加快建设人才强国""培养造就一大批具有国际水平的战略科技人才、科技领军人才、青年科技人才和高水平创新团队""优先发展教育事业""加快一流大学和一流学科建设，实现高等教育内涵式发展。健全学生资助制度，使绝大多数城乡新增劳动力接受高中阶段教育、更多接受高等教育"。2018年6月，在新时代高等学校本科教育工作会议上，原教育部部长陈宝生表示，"百年大计，教育为本，高教大计，本科为本，本科不牢，地动山摇"，特别强调对大学生要合理"增负"，提升大学生的学业挑战度，促进高等教育的内涵建设、质量提升。三个月后，教育部又发布了《关于狠抓新时代全国高等学校本科教育工作会议精神落实的通知》，要求各高校要全面梳理各门课程的教学内容，淘汰"水课"、打造"金课"，合理提升学业挑战度、增加课程难度、拓展课程深度，切实提高课程教学质量，全面整顿教育教学秩序，严格本科教育教学过程管理。2018年9月，在全国教育大会上，习近平总书记强调，要"在党的坚强领导下，全面贯彻党的教育方针，坚持马克思主义指导地位，坚持中国特色社会主义教育发展道路，坚持社会主义办学方向，立足基本国情，遵循教育规律，坚持改革创新，以凝聚人心、完善人格、开发人力、培育人才、造福人民为工作目标，培养德智体美劳全面发展的社会主义建设者和接班人，加快推进教育现代化、建设教育强国、办好人民满意的教育"。2018年11月，教育部颁布了《关于加快建设高水平本科教育全面提高人才培养能力的意见》，再次重申"高等教育是国家发展水平和发展潜力的重要标志""本科生是高素质专门人才培养的最大群体，本科阶段是学生世界观、人生观、价值观形成的关键阶段，本科教育是提高高等教育质量的最重要基础""办好我国高校，办出世界一流大学，人才培养是本，本科教育是根"，要"加强学习过程管理，加强考试管理，严格过程考核，加大过程考核成绩在课程总成绩中的比重""综合应用笔试、口试、非标准答案考试等多种形式，全面考核学生对知识的掌握和运用，以考辅教、以考促学，激励学生主动学习、刻苦学习"。

2019年2月，中共中央、国务院印发了《中国教育现代化2035》，突出强调要"制定紧跟时代发展的多样化高等教育人才培养质量标准""到2035年，总体实现教育现代化，迈入教育强国行列，推动我国成为学习大国、人力资源强国和人才强国，为到本世纪中叶建成富强、民主、文明、和谐、美丽的社会主义现代化强国奠定坚实基础"。2019年10月，教育部发布了《关于深化本科教育教学改革全面提高人才培养质量的意见》,进一步表示要提升学业挑战度,强化人才培养方案、教学过程和教学考核等方面的质量要求,科学合理设置学分总量和课程数量,增加学生投入学习的时间,提高学生自主学习时间比例,引导学生多读书、深思考、善提问、勤实践。2020年6月,在教育部发布的《全国普通高校本科教育教学质量报告(2018年度)》中,明确指出部分高校本科教育教学工作存在学习过程管理总体不严格的问题。部分高校课程学习难度和挑战度不高,考核方式单一,重结果轻过程,2016—2018年,高校学业挑战度总体上仍处于中等偏下水平。在《教育部高等教育司2022年工作要点》中也提出,一是实施新时代高等教育育人质量工程;二是实施卓越拔尖人才培养计划,建设高质量人才培养体系,提高人才供给自主可控能力,全面提升高等教育人才培养的根本质量。

基于以上政策文件的分析,可以发现,社会各界对高等教育"质"的诉求越发迫切,党和国家日益重视高等教育在人才培养过程中的根本性作用。以地方高校本科生为突破口,主动给大学生适当"增负",提升大学生学业挑战度,是新时代高校增强毕业生就业竞争力、保障人才培养质量、提升高等教育发展水平、实现高等教育强国梦的使命与责任。

二、学业挑战度的相关研究

(一) 国外相关研究

国外关于学业挑战度的直接研究较少,相关研究主要分散在学习性投入的研究、本科生教育质量评估模式的构建、学习性投入理论的探讨以及学习性投入的应用等领域。

1. 关于学生学习性投入的研究

学习性投入主要源于"全美大学生学习性投入性调查"(National Survey of Student Engagement,NSSE),它是一个针对美国全国范围内四年制本科院校学生投入高层次学习活动和发展程度的年度调查,主要通过对在校学生、教师和学校三方教育质量评价资料的收集,并以问卷和调查的方式对学生学习性投入进行测量研究。它提出以学生学习性投入作为对院校评估的核心指标,并试图通过学生在校期间参与各项有教育意义的、有助于学生学业进步和个人成长的各项教育经验和活动的投入程度,来体现大学的教学质量。问卷主体部分包含以下五个指标:学业挑战度、主动与合作学习、师生互动、丰富的教育经验、支持性的校园环境。NSSE认为,富有挑战性和创造性的学业任务对大学生的学习和学业成就而言至关重要。

斯金纳(Skinner)指出学习性投入主要包括学生的行为、学生的情感和学生的认知,学生学习动机与教师行为具有交互作用,高学习性投入行为的学生会获得教师更多的关注和支持,人际关系对优化学生学习动机具有重要意义。富兰克林(Franklin)通过调查研究高中生的情感、学校参与和学业成绩之间的关系,发现感情投资是学生在学习过程中自发形成的,学生学业成绩在短期内会受到感情和学校参与的影响,而且学生感情和学校参与是通过互惠关系联系起来的。迈克尔(Michael)等人认为学生在学习上付出的努力程度就可以视为学习性投入,学校是培养学生积极社交能力和人际交往能力的重要场所,学生与学校保持积极的关系有助于保持学生高质量的学习性投入,从而促进学生学业成绩的提高。威廉·绍佛里(Wilmar Schaufeli)等人从心理学角度研究了参与度和倦怠之间的关系,认为学习性投入的特征是活力、奉献和专注。活力的特点是学生在学习时精力充沛,愿意为学习性投入时间和精力,甚至在遇到困难时也能坚持不懈;奉献的特点是自发的,具有主观能动性,学习充满热情、灵感、自豪感和挑战感;专注的特点是沉浸式学习,不易受到干扰,有幸福感和充实感。综上,学生在学校的学习行为中,对学习的努力程度所赋予的正面态度和情感,即为大学生学习性投入。学习性投入具有两个重要特征:一是学生在就读过程中投入到学习中的有效程度;二是学生对于自身学习状况和学校所提供的支持性学习条件的满意度。

大学生学习性投入的研究源自两个方面:一是高等教育规模扩张,教育质量面临危机;二是过程性指标兴起,评价标准开始转向。有研究者对大学生学习性投入进行了系统综述,发现美国在大学生学习性投入的研究方面发文量最多,其次是澳大利亚,第三是英国,但在促进国家间的合作交流并吸引更多国家关注大学生学习性投入的研究方面,英国的国际合作范围更广,起到了重要的引领作用。亚历山大·阿斯汀(Alexander Astin)、乔治·库(George Kuh)、欧内斯特·帕斯卡雷拉(Ernest Pascarella)等学者在大学生学习性投入领域具有很大的影响力,为大学生学习性投入理论的形成奠定了基础。国外关于大学生学习性投入的研究相对较早,在研究对象上实现了从普通大学生群体到特殊大学生群体、从四年制大学到社区学院的转变。对国际学生学习性投入的关注成为了当前国外关于大学生学习性投入研究的前沿。

2. 关于高等教育质量评估的研究

二战后,美国高等教育迎来高速发展期。20世纪60年代到80年代,美国顺利完成了高等教育精英化向大众化再向普及化的过渡,大学生受教育群体数量激增的同时,高等教育质量也开始下滑。在此背景下,越来越多的大学为适应社会的发展,开始进行以学生为中心的本科生培养质量评价系统的研发。20世纪80年代,美国政府、高校和民间组织为回应社会各界对高等教育的问责,迅速投身于学生学习成果"评估运动"(Assessment Movement)。各州政府不断加强对学生学习成果评估的介入。1989年,美国绝大多数州政府要求公立大学必须评估学生的学习成果。20世纪90年代,美国高等教育高度重视"学生学习成果评估"(Student Learning Outcomes Assessment,SLOA)。这种质量管理方式因其"直面学生学习增值、强调教育成效证据",注重"产出",而引领着大学教育质量保障范式的变革,受到各国广泛关注。进入21世纪后,迫于高等教育问责和认证压力,在联邦和各州政府以及社会舆论的要求下,美国高校逐渐开始对学生学习成果进行综合评估,以向社会提供证据表明其教育质量,学生学习成果评估便成为美国高校提高自身水平和向社会提供教育质量证明的主要依据。印第安纳大学主持的NSSE已在全美1600余所各类高校中得到了广泛应用,成为了目前美国乃至全球影响力最大的本科生学情调查项目。全美本科生博雅教育质量追踪调查(Wabash National Study of Liberal Arts Education, WNS)作为 NSSE 的特别项目应运而生,为考察本科生综合能力提供了范本,在专题性本科教育质量监测方面也做出了突出贡献。美国本科生教育质量的评估调查活动开展较早,在内容上侧重对学生学习质量的评估,强调反映学生真实的学习情况,建立了注重直接证据的评估文化,评估政策体系也相对发达,并形成了多样的评估工具和方法。英国的高等教育质量评估则以高等教育质量保障局(Quality Assurance Agency for Higher Education, QAA)为主,突出对学校质量和学科专业质量的评估,评估结果作为政府教育政策改革实施的依据,权威性和公正性强,而且学生可以作为评估组成员对教育质量信息提供建议和意见,拥有一定的话语权。芬兰主要围绕高校的人才培养、科学研究和社会服务三项职能开展了两轮高等教育评估,并强调多方参与,要求结果客观真实,具有明显的国际化趋势。

对比来看,国外的高等教育质量评估主要以第三方评估机构为主,其中,美国率先开展高等教育质量评估,拥有丰富的评估历史和经验,尽管各国在评估内容、评估理念、评估标准和评估程序等方面存在差异,但都强调对学生学习成果的评估和教育质量的监测,十分重视评估结果的指导作用。

3. 关于学习性投入理论的研究

早在 20 世纪 30 年代,泰勒(Taylor)就提出"任务时间"(Time on Task)理论,认为"学习性投入"是指学生在完成学业任务上所投入的时间及投入时间对其学业成就的影响,学习时间的投入是预测学生学习成效的重要解释变量,其研究表明学生投入到学习中的时间越多,学到的知识也就越多。佩斯(Pace)的"努力质量"(Quality of Effort)理论和奥斯汀(Austen)的"学生卷入"(Student Involvement)理论都认为学生的学习性投入时间和专注程度共同影响学习效果,学生投入到课内外活动中的时间与精力越多,其学习的质量就越好。学生只有积极投入到各项学习活动中才能学得更好,学生的学习就是学生学习性投入和参与的整个过程。20 世纪 80 年代,汀托(Tinto)在借鉴迪尔凯姆(Durkheim)《自杀论》中社会整合思想的基础上,从社会学视角出发构建了学生辍学理论模型,提出了"社会和学术整合"(Social and Academic Integration)理论,该理论强调大学生要积极参与课堂内外的活动,认为师生互动质量和学生对学校的认可,是导致学生流失的核心要素,大学生活的本质是"转型",这种转型实际包括学术整合与社会整合两个独立又相互补充的过程,这种过程影响了学生的学习性投入。在此基础上,美国的齐克林(Chickering)和甘姆森(Gamson)提出"本科教育阶段有效教学七项原则"(Seven Principles for Good Practice in Undergraduate Education)理论,即教师只有在本科教育中具备良好的教学和学习能力、做到鼓励学生交流合作、鼓励学生主动学习、向学生提供及时的反馈、明确学生完成任务的时间、对学生赋予较高的期望以及尊重学生不同的个性差异和学习方式,才能保障本科教育质量,这也是影响学生就读体验和学习效果的重要因素。

经过半个多世纪的发展,前人丰富的研究成果为大学生学习性投入理论的完善奠定了基础。稳定的概念框架和理论体系不仅推动了后续研究的发展,增强了研究的科学性,同时也为学习性投入研究的繁荣创造了契机。

4. 关于学习性投入的应用研究

自20世纪70年代开始,美国就开始对大学生的活动情况进行了系统研究,并取得初步进展。这些研究成果主要集中在测量模型和问卷设计上,如大学生就业能力自评量表(College Student's Employability Questionnaire,CSEQ)、大学生压力量表(College Stress Scale,CSS)以及NSSE。美国作为高等教育强国,一直注重本科教育教学,但本科教育恰恰也是美国高等教育最大的瓶颈所在。哈佛大学第25任校长德里克·博克(Derek Bok)认为,美国的本科教育问题最大,美国共有约4300所大学,而其中高达4200所大学的教育水平并不高,甚至有些大学教育水平低得惊人,美国本科生入学率、毕业率不升反降,辍学率逐年增大,目前美国的本科生在学习上投入的时间远远低于以前,减少了高达40%的时间投入。从2000年持续至今,NSSE项目已成为全美最有权威、信息最为丰富的本科教学质量评估的工具之一。统计显示,在2020年有601所高校484242名学生参加了NSSE,经过20年的调查实践,已有600多万名学生完成了NSSE。不仅如此,2006年以来,加拿大、澳大利亚、日本等国家先后以NSSE为基础,与其合作陆续展开了大规模的本国学习性投入调查。美国公众和本科院校对NSSE项目的认可度极高。问卷也从开始由以纸质版调查为主,转向后期以网络版调查为主。

从2000年起,日本提高了对学生在校学习过程与经验研究的重视,不少教育学者和社会机构开始聚焦于大学生学习活动的研究。广岛大学在2004—2005年开展的"大学生教育学习经验调查"、同志社大学在2005—2006年实施的"日本大学生调查"、东京大学在2007年进行的"全国大学生调查"具有一定的代表性。全国大学生调查的调查内容较为丰富,包括学生的课程学习状况、对大学教育的评价、就业意向、生活状况、学习经历和家庭状况等方面,主要通过询问学生在大学课堂中的体验以及对各种教学方式和内容的认同感来对学生的学习状况和学习意识加以把握。与美国相比,日本的大学生调查范围更广,对学生的实际学习状况也更为关注,其调查结果能够为改善大学的教学工作提供事实依据。

可以看出,随着时代的发展和高等教育事业的进步,国外不同程度地加大了对学习性投入的推广和应用,并期望通过对大学生学习活动的全面调查,用数据真实反映本科教学质量和问题,进而为高等教育质量的提高提供参考决策。

(二)国内相关研究

国内关于学业挑战度的研究尚处于发展起步阶段,主要体现在学业挑战度的现状研究、学业挑战度的影响因素分析、关于大学生合理"增负"的讨论和学业挑战度衡量标准的探索等范畴。

1. 关于学业挑战度现状的研究

2007年,由美国印第安纳大学的海蒂·罗斯(Heidi Ross)及其博士生与清华大学的罗燕组成的研究小组,开始了大学生学习性投入调查 NSSE 的中国化工作,进而带动了学业挑战度相关研究在我国的兴起,研究小组经过半年时间就完成了翻译、文化适应、认知访谈以及前期研究工作,而且经过中国化的调查问卷符合我国国情,信效度检验结果良好。截至2021 年 8 月,在知网数据库以"学业挑战度"为关键词选择期刊类别进行检索,发现共有 44篇中文文献,其中仅有 12 篇文献高度相关,其他文献的研究主题多为学习性投入调查或学生学习与发展调查以及学生学习质量的研究。从文献数量变化来看,我国在 2012 年才开展对学业挑战度的直接研究,但年均发表量低,2019 年后表现出较为明显的增长趋势,说明国内关于学业挑战度的研究相对分散,总体上仍处于研究早期,研究深度不够,研究水平不高,需引起学者的重视。

吴凡率先对中美研究型大学本科生的学业挑战度进行比较研究,指出我国大学生学业挑战度不高,与美国相比,存在较大差距,认为只有重点抓好教师的"教"和学生的"学"这两个核心要素,才能真正提高我国的本科人才培养质量。杨峥威等人通过调查发现高职院校在课程认知目标和学生作业、考试、学习时间投入等方面存在问题,高职院校对学生的学业挑战度要求偏低,建议高职院校必须分清主次、合理取舍,既要重视理论和专业知识的传授,也要重视实践能力的训练和培养,才能促进高职院校人才培养质量的提升。付羽则针对不同国别学生压力来源进行了探讨,介绍了澳大利亚、俄罗斯和英国大学生的学习压力和日常学习现状,呼吁提升国内大学生的学业挑战度。代维祝和王慧以上海某高校为例进行了学习挑战度、校园环境支持度与向学的关系的实证研究,发现大学生学业挑战度、校园环境支持度与向学之间存在密切且显著的关系,校园环境支持度会影响学生的向学水平,学业挑战度是影响学生学习的重要因素,学生挑战度的提高有助于引导学生对学习产生更大的积极性和投入程度。刘颖等人基于学业挑战度的视角对中药药剂学探索性实验教学进行了研究,证明通过具有适宜挑战度的教学过程不仅促进了学生高层次认知、自主学习、学习反思等能力的提升,还增强了学生对于专业问题的探究兴趣,深化了实验的科学内涵,并提升了学生的科研能力、创新能力和专业素养。赵蕾等人的研究表明,与汉族学生相比,蒙古族学生的学业挑战度较低,汉语基础较差是主要的制约因素。黄雨恒从外部驱动的数量维度、内部驱动的数量维度、外部驱动的质量维度和内部驱动的质量维度对学业挑战度进行测量,发现与美国研究型大学相比,我国一流大学建设高校本科生学业挑战度在数量维度上具有明显优势,在质量维度上存在劣势。王盼盼在黄雨恒总结的学业挑战度四维度结构基础上,进一步发现,大学生在学习理科编程类课程时,男女生性别上的学业挑战度水平差异不大,但男生有更高的收获感与满意度。不同学习水平的学生感受到的学业挑战度存在倒"U"形现象,即中等成绩的学生感受到的学业挑战度最高。此外,在百度学术数据库进行检索发现秦雪敏等人对 8 省 35 所普通本科院校 5855 名大三年级学生的学业挑战度进行了调查,结果显示我国大三学生在学业挑战度的高阶学习、反思整合学习、学习策略和定量推理指标方面均显著低于美国高年级大学生。

综上,尽管国内研究者的视角和方法各异,研究目的也不尽相同,但都指出与国外相比,我国大学生学业挑战度整体不高,严重影响本科人才培养质量,亟须做出回应和改变。

2. 关于学业挑战度影响因素的研究

关于学业挑战度影响因素的研究，多分散于学习性投入的实证调查或高等教育质量研究等方面。目前关于学业挑战度影响因素的观点主要有四种。第一种观点将学业挑战度的内涵看作学业负担，从学业负担的角度分析影响学业挑战度的影响因素。在心理学中认为学生学业负担的主要来源是学业压力、课程压力、生活压力、环境压力等，因而学业挑战度可以看作家庭、学校和社会相互作用过程中，由承担的学习任务所需要的学习时间所引起的生理和心理上的压力反应。学业负担大体分为外在负担与学业负担，身体负担与心理负担，学科负担与活动负担，校内负担与校外负担，学业负担与学习时间、学习压力、课业质量、课业难度高度相关。第二种观点将学业挑战度的内容等同于学习性投入，从学生学习性投入或学生学习过程的角度来分析学业挑战度的影响因素。王娟娟在通过对本科生学习性投入的调查研究中发现，传统观念导致师生之间缺乏良好互动，间接造成了学生学业挑战度不足。伍红林在基于学习过程的本科教育学情调查报告中指出，高学业挑战和充足的支持是最有利于学生成长的校园环境，侧面反映了学业挑战度会受到外部学习环境的影响。第三种观点是前人研究的综合。吴凡通过结合各种学说对学业挑战度的相关阐释，认为学业挑战度的影响因素有三点：一是学业任务的数量要求和能力要求；二是学习的分配时间和学业投入时间；三是教师与学生的期望。第四种观点则是将学业挑战度的影响因素简单分为内外部或主客观两大方面。外部因素包括院校的学习支持、校园环境、教师教学质量等，内部的因素包括学生入学前的背景因素，学生自身的学习态度和努力程度以及师生、同学关系等；主观因素有学习动机、学习兴趣等，客观因素有外在的激励、他人的评价和认同等。还有学者认为传统育人观念的惯性、学校层面的转型定位模糊、僵化的课程体系结构、培养主体责任不实、学业评价导向失真，是大学生学业挑战度匹配的阻滞因素。

通过对以上观点的梳理，可以发现学业挑战度会受到多种因素的综合作用，学校环境的支持、教师教学要求以及学生自身的学习性投入和学习评价会对学业挑战度产生直接或间接的重大影响的观点基本得到学界的普遍认可。

3. 关于大学生合理"增负"的研究

进入21世纪后，有学者对美国教育进行的"增负"实验进行了介绍，其增负的目的在于改变美国基础教育薄弱的现状。熊丙奇认为对大学生增负，让教育回归本源是破解我国教育难题的出路。但当时的研究重点局限于国内基础教育的"减负"方面，关于大学生的增负问题并未引起学界的广泛重视。随着原教育部部长陈宝生在提升本科教育质量的会议上对大学生进行合理增负的倡导，对提升大学生学业挑战难度的号召以及教育部《关于狠抓新时代全国高等学校本科教育工作会议精神落实的通知》的下发，大学生增负日益成为了教育界的热门话题，关于大学生增负的路径、意义和影响得到了不同程度的探讨。提升大学生的学业挑战度是实现大学生增负的重要抓手，而实现大学生的学业挑战度匹配是落实增负要求的根本保障。给大学生增负只是第一步，增负只是手段，提质才是目的。给大学生合理增负，可以激发大学生的学习动力和专业志趣，改变轻轻松松就能毕业的状况，真正把内涵建设、质量提升体现在每一个学生的学习成果上。毛建国提出,从教育规律和学生成长来看,中学阶段应培养学生兴趣,高等教育阶段则应该进行严格而艰苦的训练。肖仕卫则探讨了大学生合理增负的实现路径,他认为:一是要提升大学生的学业挑战度;二是要激发学生的学习动力和专业志趣;三是要改变大学生轻松就能毕业的状况。高校既要合理增加大学生学业负担、提高课程难度、增加课程深度、扩大课程的可选择性、引导学生刻苦读书、进行有深度的学业学习,又要教育学生求真学问、练真本领、强真本事,提高毕业证的"含金量"。杨状振从社会现实对人才的需求角度分析了大学生合理增负的原因、途径以及增负的意义、目的、现实价值,指出评教制度的完善有助于提升大学生学业挑战度,二者具有相辅相成的促进关系。齐双悦等人在教育部增负政策背景下,对大学生的学习状况和对增负政策的认知进行了调查,发现大学生对增负的理解较为偏颇,具有一定的抵触心理,大学生普遍认为当前的考试难度不大,但科目众多,复习精力有限。李诗媛等人则认为大学生增负的重点在于培养自主学习能力,通过开展自主学习能力培训、帮助大学生转变认知思维,最终实现教育质量的提升。还有部分学者对大学生增负问题进行了实证调查,透视了当前大学生合理增负存在的共性问题,并总结为四点:一是学习主动性不强;二是师生缺乏互动;三是学业挑战度不高;四是校园环境支持度不够。陈丽敏调查证实本科生学业负担总体较轻,学习性投入不高,难度也偏低,不同专业本科生的学业负担程度不一,大学生学业增负要"因人制宜",要增加学业任务严格考核评价,提高本科生的学业挑战度。

综合现有关于大学生合理增负的探索和实践可以发现,多数学者认同增负和学业挑战度具有紧密联系,我国本科教育质量的提高需要对本科生进行合理增负,提升学业挑战度。

4. 关于学业挑战度衡量标准的研究

胡慧妮认为学校在课业挑战难度设置上要本着"厚基础、宽口径"的原则,设定徘徊在学生最近发展区的学习任务,通过具体的学习内容规定,奠定学生的专业基础,引导学生掌握专业领域内的基础知识,从而形成专业轮廓,有利于激发其求索兴趣,最终能主动学习,同时加强课程论文和报告的写作训练,提升学生的写作技能,设定合理的年级课程目标,促进学生高级思维技能的提升。张永生倡导以"培养学生学习能力"为核心的教育质量导向,并认为学业挑战度根本上是要培养学生的学习能力,尤其是创新性、创造性的学习能力的获得。学业挑战度主要测量学生投入到学习的时间、阅读量、写作量,学生努力学习可以达到任课老师要求和期望的程度,所修课程是否支持学生的分析、综合、判断和应用能力以及校园环境是否强调学生在学业上投入大量的时间。还有学者认为增强大学生的学业挑战意识、促进其自主学习,让学生由"被动学习"变为"主动学习",这种转变的达成,可以看作衡量学业挑战度的标准之一。韩宝平从大学生学习性投入影响因素出发,认为富有挑战性和创造性的学业任务可以提升学生的学习性投入度,学业挑战度越高,学生需要付出的学习性投入也越大。苌梦可从"双一流"建设的背景出发对大学生学业挑战度的提升路径进行了较为深入的专项研究,并对清华大学"NSSE-China"调查问卷进行了修订,将学业挑战度的衡量标准分为学校课程设置、学生课业压力、学生学习表现、学生学业任务、学习性投入影响、教师教学要求、教师授课方式七个维度。张进凤通过 NSSE 和 NSSE-China 的对比,发现强调课程质量、注重课程提供的认知训练、提升课程学习对学生高阶认知目标的达成度是学业挑战度的考察重点。林树苗认为学业挑战度的测量包括学业任务、学习行为、课程要求三个维度,具体包括:阅读量、写作量、学习时间、高阶学习、反思与整合学习、学习策略以及数量推理等内容。

总体而言,当前学业挑战度衡量标准研究多从内、外部两个视角切入,内部标准有观念、信心、兴趣的提升等,外部标准有高难度课程学习任务、课程目标的达成等,而学业挑战度既反映了学生在学业上的学习性投入,又体现了高校对学生学业的具体要求,因此,学习任务的挑战性和创造性可以看作衡量学业挑战度水平高低的主要标准。

(三) 研究评述

对比发现,国外学习性投入研究起步较早,成果颇丰,研究体系已相当成熟,关于学业挑战度的相关研究成果也较为丰富,而国内关于大学生学习性投入的研究尽管已取得了初步进展,但关于学业挑战度的直接研究尚处于起步探索阶段。总体而言,国内外学者在学业挑战度的概念、特征、关系、实证研究等领域取得了一定成果,但仍存在着以下不足:

第一,对个体而言,学业挑战度是与现实社会问题或专业能力相关的有价值的衡量指标。虽有学者将学业挑战度的构成主体分为课程压力和学业压力,认为其主要体现在阅读量、写作任务、学习性投入时间、课程目标等方面,但通过何种方式达到学习的深度,怎样保证"增负"合理,如何利用学业挑战度提升教育质量,学校又如何发挥学业挑战度在促进个人发展、学校教学质量提升中的耦合作用等方面仍有待进一步研究。

第二,对地方高校而言,高等教育发展已步入新的时代,面对国际教育市场的激烈竞争,就业市场对高素质人才的需求比任何时候都更为迫切。本科生学业挑战度的提升是地方高校对高等教育普及化背景下人才培养质量问题的主动回应。只有给大学生合理"增负",提高学业挑战度,加快形成高水平人才培养体系,才能培养出大批符合社会期待的高素质人才。地方高校本科生学业挑战度具体存在哪些问题,又应该如何提高学业挑战度,同样需要学界的反思。

第三,学业挑战度作为学习性投入的重要参照,厘清学业挑战度和学习性投入的关系是我们应予以重视的,当前我国针对学业挑战度直观研究多体现在学习性投入中,对学业挑战度的深入研究、现实运用鲜有重视。事实上,学业挑战度是衡量高等教育质量至关重要的标准之一,学业挑战度对完善个人知识体系、提高其能力结构具有重要的理论指导意义。

在国际教育市场竞争日益激烈的情况下,学业挑战度作为一种新的教学过程性评价衡量标准却一直是研究的短板,缺乏有效的提升途径,本书将试图回答以上问题。

三、学业挑战度提升的目的与意义

(一) 学业挑战度提升的目的

当前我国高校毕业人数屡创新高,毕业生就业形势严峻,高等教育质量建设面临巨大压力。本书以地方高校 H 大学为对象,通过调查该校本科生在校学习经历,并结合该校三年的毕业生毕业、学位资格审核简况文本,综合呈现 H 大学学生的学业挑战度等方面情况,从学生视角展示新时代高校的育人质量和水平。

首先,基于高等教育教学改革的视角来看,本书从学生日常学习行为出发,为探索大学课堂教学改革积累了经验。其次,有关学业挑战度提升研究能够深入了解本科生课堂内外的学习过程和学习收获,很大程度上可以检视当前地方高校在人才培养环节中存在的问题,进而有利于丰富我国高等教育质量保障体系,优化人才培养过程。此外,通过对地方高校学业挑战度的全方位考察,可以发掘课程考核评价指标的不足,促进多元评价体系的开发与完善。对加强高等教育质量建设而言,尽管高校在考试评价制度、增加课程难度、激励学生学习等方面取得了初步成效,但关于学业挑战度的研究尚处于初始阶段,从不同程度上提升大学生的学业挑战度,有助于提高人才培养质量,促进我国高等教育的内涵式发展。

(二) 学业挑战度提升的意义

学业挑战度的提升对增强大学生就业核心竞争力和自身综合素质具有重要作用,在当前的社会环境下学业挑战能力是大学生成长成才必不可少的能力。笔者查阅相关文献发现国内外关于学业挑战度的研究相对分散,主要集中在学习性投入研究等领域,对于地方高校本科生学业挑战度的研究鲜有涉及。因此,在当前高等教育质量备受质疑和大学生就业形势日益严峻的背景下,对地方高校本科生学业挑战度提升进行研究,具有重要的理论意义和实践意义。

1. 理论意义

首先,本书在很大程度上拓宽了学界关于大学生"学业挑战度"的研究视野。当前针对学业挑战度的专项研究较少,相关研究多体现在学习性投入的实证研究以及高等教育质量评价追踪上,或分散在课业负担优化等方面。本书在前人对大学生学习性投入问题进行本土化研究的基础上,追溯了"学业挑战度"问题的缘起,以学生学习过程中的投入力度和时间为视角解读当前地方高校本科生"学业挑战度"不足的现实问题,对"学业挑战度"的内涵进行重新解构,并对"学业挑战度"的影响因素进行详细分析,同时对地方高校本科生"学业挑战度"存在的问题和原因进行深度审视,扩展了学术视野。

其次,本书研究结论对大学生的合理"增负",改善高校"水课"现象等均具有理论指导作用。从高等教育质量建设来看,本书将通过剖析人的全面发展理论、任务时间理论、学生参与理论、学习性投入理论、努力质量理论、最近发展区理论,探寻影响学业挑战度的重要因素,致力于提出一种提升地方院校本科生学业挑战度的有效途径,并最终实现设置最优学业挑战度,达成提高本科生专业能力的目标。研究结果对丰富学业挑战度的相关研究,促进高等教育教学改革发展,合理提升课程难度,地方院校高等教育质量改革和院校转型发展提供了指导。

最后,本书进一步丰富提升了大学生学业挑战度的理论基础。通过大量问卷调查为学业挑战度的提升研究提供了重要的实证素材,一定程度上克服了当前学业挑战度研究停留在定性探讨的局限,充实了学业挑战度的研究内容,有利于推进国内学业挑战度的研究进展,为我国高等教育质量保障体系的优化提供借鉴。而且在实证研究过程中,既检验了国外"学业挑战度"相关理论的适应性,又丰富了相关理论的内容。

2. 实践意义

一方面,本书研究结果可以为高校教师进行学情分析开阔思路,为实现课堂的有效教学提供参考,而且本书研究为调查地方高校本科生学习经历和院校教学质量的观测积累了经验。从院校角度来看,短期内很难从根本上增加资源投入、提高生源质量,而立足学校现实来诊断教育过程中存在的问题,增加学业挑战度、改善教育教学实践、引导学生保持良好的学习行为习惯则更具有可行性。本书选取了安徽省地方高校 H 大学的本科生作为研究对象,进行学业挑战度的认知调查,测量不同性别、不同年级、不同专业的学生群体学习性投入有效教育活动的时间和精力以及学生与院校间教育实践的互动,为学业挑战度的测量和提升建立了范本。

另一方面,调查结果可用于改进教学实践活动、促进学生的成长和发展,提高本科生专业核心竞争力,为高等教育内涵式发展提供了案例参考。提升地方高校本科生学业挑战度响应了国家政策的号召,可以改善"及格万岁""水课过多""玩命的中学、快乐的大学"等现象,为保障高等教育质量服务。本书关注地方高校本科生真实的学习体验和不同专业类型的教学实践情况,希望通过调查数据对地方高校的教育质量做出客观评价,为地方高校的发展提供决策参考,有助于促进地方高校教学质量的优化和学生的全面发展,对提高我国高等教育质量、建设教育强国和人才强国具有重要的现实意义。

第二章　学业挑战度的起源与变迁

学业挑战度的这一内涵产生的根源是学生学业问题。学界关于学生学业负担方面的研究主要集中在课业负担和学业负担两大方面,基本围绕我国中小学课业负担或学业负担较重的现状而展开。从学业挑战度的生成逻辑来看,要厘清学业挑战度的产生和演变,也必须要研究学业负担和课业负担的发展与内涵。随着研究的深入和教育事业的发展,基础教育需要"减负",高等教育需要"增负"的呼声日益高涨,大学学业任务过于轻松、学生学习性投入不强等问题也逐渐引起了学界的关注,进而加速了学业挑战度这一概念在我国的研究发展。

一、学业挑战度的起源

(一) 学业负担的发展和丰富

1. 学业负担的发展

学业负担问题并非是教育的先天问题,而是在教育发展过程中逐渐产生的。有研究者基于教育史的视角,指出我国学生学业负担过重问题是一个古老的课题。在西方国家,中世纪宗教势力压抑了学生对人性的思考,学业负担由此而来。在中国古代,读书和做官挂钩,禁锢了学生的思想,进而造成学业负担的加剧。中西方国家都存在过度重视教育的外在价值,而忽视教育内在价值的倾向。

当下,我国中小学学生学业负担过重的现实,带动了相关研究的兴起。现代意义的学业负担研究源于20世纪80年代,发展至今已形成了丰富的研究成果和成熟的理论体系,呈现出较为明显的三个阶段。

第一阶段为20世纪80~90年代。关于学业负担的研究主要侧重于国外教育家对学业负担思想的引入,部分学者探讨了中小学生学业负担过重的原因和对策,认为中小学学生学业负担过重的现象严重影响了学生的身心健康和全面发展,也有学者论述了中小学生学业负担过重的根源,认为是经济和思想的因素共同导致的结果。这一阶段的研究成果相对较少,比较研究的方法和实证调查以及传统文化心理的视角得以出现,丰富了学业负担的研究内容。

第二阶段为21世纪初。沈玉顺对中小学生学业负担过重问题的评价学分析,认为中小学生学业负担过重是一个社会问题，需要从改革教育评价系统入手，完善高校入学考试制度，减轻中小学生过重的学业负担。施铁如建立了学业负担的模型，认为学业负担是学习任务、学习时间、学生素质以及教师授课质量等多种因素交互作用的结果。邓成琼等人则运用心理测量原理与技术完成了中学生学业负担态度量表的编制，探讨了中学生学业负担态度的心理结构及其相关影响因素，在很大程度上推动了关于学业负担实证研究的进步。刘合荣对学业负担问题的深化和升华进行了论述，呼吁开展学业负担的独创性、原创性研究，丰富学业负担的理论创生途径，并在后续的深入研究中，以教育哲学的视角系统探讨了学业负担问题的事实与价值，进一步推动了学业负担问题和话语的本土化。李佳率先对减轻我国中小学生学业负担进行了综述研究，详细分析了国内学者关于学生学业负担的表现、学习压力的来源和解决对策。吴敏选取上海某中学作为研究对象，通过访谈和问卷调查揭示了初中生学业负担的现状。这一阶段学业负担的研究已较为丰富，研究方法和研究视角愈发多元，本土化的学业负担问题和思路得到重视。

第三阶段为2010年至今。刘丹通过对高中生学业负担态度、心理韧性与学习性投入的关系研究，发现高中生学业负担态度相对消极，心理韧性和学习性投入处于中等偏上水平。王银鹏在对中学生学业负担态度、社会支持、学校幸福感三者关系的研究中进一步发现，年级越高，学生所感知到的学业负担越重，对学业负担的消极情绪也越多。燕子涵选取初二学生群体作为研究对象对其情绪调节能力、学业负担态度及心理健康的关系进行深入研究并干预，认为学生情绪调节能力越高，学生在心理健康和学业负担态度上的表现也越好，为学生积极应对学业负担探索了新的思路。王贤文等人回顾近十年我国学业负担治理的研究发现，学业负担的治理基本遵循政府规范与指导、学校教育教学改革和社会支持参与的政府-学校-社会协同模式，并未从根本上解决学业负担过重的问题，需要丰富学业负担的理解，拓展学业负担治理的视角。尽管我国的学业负担问题有所缓解，但减轻学业负担仍是我国近年来不容忽视的重要任务。这一阶段大量跨学科的研究方法和思路得到验证，强化了理论和实践的结合，提高了研究层次与高度，反映出我国中小学生学业负担过重问题已引起了社会广泛关注，成为学界的热门话题。

2. 学业负担内涵的丰富

从词源来看，"学业"一词最早见于《墨子》中"夫一道术学业仁义者。皆大以治人。小以任官"。可以看出，伴随教育活动的产生伊始，学业就具有学问的意思。随着时代的发展和社会的进步以及教育活动的持续深入，人们对"学业"赋予了学术、学习的课业等新内涵，不再局限于学问、学术、学习等所造成的压力，认为"学业"是一个综合性概念。廖大海指出"学业负担"是学生身心所承受的与学校课程有关的一切学习的负荷量，而且学业负担会受到主观因素如学习兴趣、学习方法和知识储备等以及客观因素的相互影响。齐欣认为负担是指人承受的压力和担当的责任、任务等，学业负担即学生在学业方面应当担负的责任、任务和承受的压力。罗敏认为，学业负担是指学生在整个学习过程中，由实现其学习预期目标和实际能力之间的差异所引起的矛盾。艾兴对学业负担的概念进行了梳理，认为有关学业负担的界定主要有三种:一是将学业负担视为一种主观感受;二是将学业负担视为一种客观存在;三是将学业负担既看作一种主观感受,又看作一种客观存在。他通过对"学业"和"负担"两个概念的分析,认为学业实际就是学习,负担则主要是指人们在达成目标、完成任务、履行责任的过程中必然产生的承载和消耗,并将学业负担定义为学生在承担学校教育的学习任务,达成学校教育目标的过程中所承载的生命消耗及承载个体对这种消耗的认知和感受。在后续的实证研究中,他发现学生的学业负担水平并非是一成不变的,而是处于动态发展中,高中生的学业负担表现出经常无法按时完成学习任务,成绩压力的感受明显,产生焦虑感、疲劳感,学习过程的专注性差等特征,而且单纯"量"的减少难以真正减轻学生的学业负担,关键在于"质"的提高。张丰将学业负担视为课业投入和压力感受的集合,是学生面对学习任务时产生的消极学习体验。方丹认为学业负担分为主观学业负担和客观学业负担两部分,主观学业负担是学生为完成学业任务的心理压力感受,客观学业负担是学生为完成学业任务付出的时间成本。

基于以上分析可以看出,学界高度重视中小学生学业负担过重问题,在推动学业负担研究的同时丰富了学业负担的内涵。多数学者从心理学角度解释学业负担,在学业负担的核心内容方面达成了共识,认为学业任务和学习压力是构成学业负担的重要部分,过重的学业负担损害了青少年的身心健康,需要减轻学生学业负担,提高教育质量,促进学生全面发展。

(二) 课业负担的发展和丰富

1. 课业负担的发展

在我国古代,课业和负担是两个独立的概念,课业是指功课、学业,负担是指承受的责任。随着时代的变迁和教育事业发展的需要,课业负担逐渐成为一个整体概念。以知网为例,通过主题词"课业负担"检索发现,我国课业负担研究总体呈阶段式增长,波动起伏较大。关于课业负担的直接研究始于20世纪50年代,1954年在《积极设法消除学生过重课业负担》一文中,首次出现"课业负担"一词,并将课业负担视为过多的教学内容、过多的课外作业以及过多的课外书等额外的学习任务。随后,学者开始陆续为减轻学生课业负担发声。龙宅俊以语文教学为例开展了减轻学生课业负担的实践。钟占魁认为学生课业负担过重是资产阶级教育思想影响的结果,减轻学生课业负担不仅需要合适的方法,更需要彻底改造资产阶级的教育思想。在20世纪90年代以前的早期研究,研究内容多是对学生课业负担问题的深化认识,停留在减轻课业负担的方法和倡导及意义等方面,研究成果有限且缺乏深度,研究发展缓慢,年均发表量不足10篇。20世纪90年代以后,课业负担的研究发展迎来转机,取得一定突破,年均发表量达到10篇以上,研究重点转向对学生课业负担的原因和现状的关注,注重实践,并在1995年掀起了一波研究热潮,年度发文量首次破百。随后,研究热度有所下降,发文量有所回落,直到2000年,关于课业负担的研究又迎来了新的快速发展阶段,发文量达到第二个高峰,超过150篇。2001年至2010年的十年间,课业负担的研究增长较为波动起伏,年均发文量介于25篇到150篇之间。2011年后,课业负担的研究在数量增长上趋向稳定,年均发文量突破200篇,并在2013年达到第三个高峰,当年发文量为292篇,是课业负担研究成果数量的最高峰。此后,我国关于课业负担的研究热度居高不下,年发文量基本保持在100篇以上,课业负担问题引起了国内学者的持续广泛关注,课业负担的研究体系也已基本稳定成熟。

从标志性的教育事件和课业负担研究的特点来看,可以将我国课业负担的研究发展过程分为五个阶段。第一阶段是1993年以前,为课业负担问题的讨论阶段。这一阶段的研究成果有限,国家教育委员会出台了《关于减轻义务教育阶段课业负担全面提高教育质量的指示》,对课业负担进行了规范引导,研究内容主要针对中小学生课业负担过重问题的现象描述、原因分析等。第二阶段是1994年至1999年,为课业负担概念界定阶段。国家教委在1994年年底发布了《关于全面贯彻教育方针,减轻中小学生过重课业负担的意见》,课业负担问题引起了政府层面、教育界乃至整个社会的广泛关注。大量实证研究丰富了课业负担的研究内容,减轻课业负担也被认为是实现素质教育的突破口。第三阶段是2000年至2009年,为课业负担研究的重点扩散转移阶段。这一阶段,教育部发布了《关于在小学减轻学生过重负担的紧急通知》,凸显了对小学生课业负担过重问题的重视,进而带动了专门针对学生减负政策研究的兴起。在研究视野拓宽的同时,研究内容也持续深入,相关减负措施也得到了初步落实。第四阶段是2010年至2012年,为课业负担标准的形成阶段。其间《国家中长期教育改革和发展规划纲要(2010—2020年)》明确指出减轻学生课业负担是全社会的共同责任,要规范办学行为,建立学生课业负担监测和公告制度。这一阶段,研究视角更为多元,学界对课业负担的关注度居高不下,在研究内容上愈发强调对课业负担概念内涵的明晰,力图寻求一个具有普遍共识的课业负担标准。第五阶段是2013年至今,以教育部颁布的《小学生减负十条规定》为标志,掀起了新一轮减轻学生课业负担的热潮。2018年,教育部发布《关于切实减轻中小学生课外负担开展校外培训机构专项治理行动的通知》,该年被称为史上最严"减负年",2021年,中共中央办公厅、国务院办公厅印发了《关于进一步减轻义务教育阶段学生作业负担和校外培训负担的意见》,进一步要求全面缩减作业总量和时长,减轻学生过重作业负担。这一时期,在研究内容方面转向中小学生课业负担的监测指标体系建构,开启了对学生课业负担的可度量化、可预测化探索历程。

2. 课业负担内涵的丰富

邬志辉将课业负担定义为学生为了达到自身素质全面发展的目的所应该承担的全部任务与责任。姜丽华认为课业负担是学生身心所承受的与学校课程有关的一切学习的负荷量。褚远辉认为课业负担是一个相对概念,是违反教育教学规律和青少年身心发展规律,超过教学大纲规定,逾越学生承受负荷,对学生身心健康发展有消极阻碍作用的课业负担量。李继兰指出课业负担是学生为达到教育目标和自身发展目的,所应承担的全部任务与责任。胡惠闵等人在通过系统的文本分析后,指出学界对课业负担的理解存在三种主流观点:一是将课业负担理解为主观感受;二是将课业负担理解为相对独立于个体的客观存在;三是把课业负担理解为客观和主观简单之和,认为学生在为了完成或者更好地完成课业所实际承受到的负担就是课业负担。刘瑞玲指出课业负担是学校教育中所独有的,是教育过程中学生所承受的学习任务和由任务引发的心理负担,既包括有形的负担又包括无形的负担。杜立娟认为要结合课业和负担的两个方面界定课业负担,课业是一个客观概念,是学生进入课程并由课程所赋予他的活动及其连带的各种功课和学业;负担属于主观概念,是承受的压力或担当的责任、费用等;课业负担是指受教育者接受教育时,在课业方面应达成的任务和因此承受的生理、心理等方面的压力。张善超等人则认为课业负担具有不确定性,是众多因素综合作用导致课业负担过重的结果,课业负担的表现形式多样,既可以是课时过多过长、学校作业和考试过多、校外补习和竞赛多,又可以是睡眠过少、教法问题、社会竞争在教学场域的映射。刘石秀在借鉴前人研究成果和参考教育部《关于推进中小学教育质量综合评价改革的意见》对学业负担状况规定的内容将初中生课业负担界定为:在初中学生的学习过程中,学习时间、课业难度、课业质量及学习压力等四个方面作用于特定的学生个体所产生的责任、需求和压力感的总和。

可以看出,课业负担属于中性词,研究者对课业负担的理解存在差异,根据具体情境变化和研究实际需要对课业负担概念的理解而有所不同。课业负担不仅是学生应承担的责任,也是一种学习负荷与心理负担的体现,过重的课业负担对学生成长有着消极作用,阻碍了素质教育的推进,因此减轻中小学生的课业负担成为了社会各界的呼声。

总的来说,学业负担和课业负担既有区别又有联系。学业的直接对象可以简单理解为学习成绩,课业的直接对象是课后作业,与课业负担相比,学业负担的内涵、外延更为宽泛,课业负担可以视为学业负担的重要组成部分。学业负担的内容更侧重于学生对学业压力的感受,课业负担的内容更多的是课时多、作业量大、竞赛多的现象表达,两者的内涵都基于学生的学业任务形成的,具有许多共通之处,这也是学界对学业负担和课业负担的概念混用的原因之一。

(三) 大学生"增负"问题的显现

1. "减负"与"增负"的博弈

在教育领域,需要"减负"的群体主要是义务教育阶段的中小学生,"增负"的对象则是高等教育阶段的大学生。学界基本对给中小学生"减负",降低学业负担和考试升学压力以及给大学生合理"增负",实行严进严出,保障人才培养质量,达成了共识。但无论是在中小学生群体还是大学生群体,都存在"减负"与"增负"的博弈。一方面,政府倡导给中小学生减负,但一段时间以来校外培训机构的火热,导致家长焦虑,出现学校明"减负"、家长暗"增负"的现象,既不利于中小学生全面发展和健康成长,又破坏了教育的良好生态。另一方面,政府要求给大学生"增负",提高学业挑战度,但也有少数学者认为大学生学业任务繁重,需要为大学生"减负",给大学生"增负"的问题还存在一定争议。

在基础教育方面,繁重的课业负担和学业负担是中小学生减负的主要内容,其实质是减轻学生心理负担,在推进素质教育中促进学生健康成长、全面发展。现实中,中小学生的减负仅停留在形式层面,没有落实到课堂教学中,减负的成效甚微。尽管"教育减负"是全社会的呼声,但素质教育推行至今,中小学生学习负担不减反增,增加学生学习负担仍是目前的教育趋势。由于我国高等教育资源的稀缺性,高考成绩直接关系着学生的未来发展,上一所好大学意味着将来能够从事更好的职业,拥有更高的收入和更多的发展机会,这加重了家长对基础教育的投入。教师承担着家长寄予的重托和学校升学目标的实现,受应试教育环境的影响,如果学生学习成绩下滑,将直接面对家长的抱怨乃至学校的处罚,造成教师和家长主动或被迫增负。而且社会对中小学校评价的标准主要参照考试成绩和升学率,甚至教师工资和学校资源分配都直接和学生的考试成绩和升学率挂钩,限制了减负政策的效果。基础教育现状依然是以"应试教育"为主,升学率仍是评判学校教学质量、教师教学水平、学生学习成绩的唯一标准。中小学生的减负不仅在于"少",更在于"精",需要严格保证教学质量,对教师提出了更高的要求,在给中小学生减负的同时也给教师带来了新的压力,造成了负担的转移。

在高等教育方面,增负的本质是让教育回归本源。当前的教育问题很大程度上是因为大学对教学质量要求不严,给大学生合理增负,并不是给大学生提出额外的要求,而是实现大学育人职能的基本条件。学业增负不是简单增加学生学业任务,而是通过增加学业挑战度,激发大学生的学习动力和兴趣,提高学生综合素质。同时有学者指出我国大学承担了太多的非学术责任,拖累了大学的发展,要适当给大学减负。为大学生减负则主要是针对高校过于注重知识教育而言的,大学生要完成的课程数量多,学业量大,学分要求多,所学知识过于专业化,过深、过难,考试呆板且频繁,知识学习负担过重等,从时间上看学生学习负担是沉重的,大学生也有可减之负。由此看来,大学生的增负和减负并不冲突,给大学生增负的目的在于提高教育教学质量,减负的原因则是大学僵化的课程教学模式,过于重视知识教育,"水课"过多,忽视了学生的创新发展。

结合时下的教育政策背景来看,《关于进一步减轻义务教育阶段学生作业负担和校外培训负担的意见》提出的"双减"政策可以视为我国中小学生学业负担博弈的阶段性结果,《关于狠抓新时代全国高等学校本科教育工作会议精神落实的通知》的颁布,则预示着在大学生学业学业负担的博弈中,增负成为主流。有报道指出,我国中小学生减负难以落实的根源在于高等教育基础实力的不均衡,只有本科增负,中小学教育才能真正减负。

2. 大学生"增负"的确立

我国基础教育受"分数至上""唯升学率"的桎梏,片面应试教育倾向严重,升学压力较大。相当一部分学生进入大学后,面对自由宽松的学习环境,在学习上缺乏足够的自觉、自律和自制,再加上大学考试和毕业要求相对较低,长此以往,就形成了"拼命的高中、快乐的大学""考试及格万岁"的积弊,多数大学生在学习上的表现低于社会预期。

当前,针对大学生群体学业负担的研究相对较少,尚处于起步阶段,主要集中在"增负"意义、路径的探讨和思考。李秋丽等人基于学习性投入视角探讨了大学生合理"增负"的必要性,认为合理"增负"是增强大学生社会适应性的要求,是提高大学生学习质量的关键,有利于增强教师教学的积极性,增强学生学习的主动性,需要提升学业挑战度,锻炼大学生的学习能力。裴英竹认为大学生"增负"是大学人才培养质量的需要,是经济社会发展对高阶人才的需求,需要从取消"清考"制度、倾力打造"金课"、关注教师发展、激发学生学习热情、完善多元评价等方面,探索大学生"增负"实践困境的破解突围。要保障本科教育的人才培养质量必须改变大学生轻松读大学的现状,塑造大学"苦读"学习文化,引导学生积极主动学习。从高等教育普及化后的教育质量要求和人才需求变化来看,对大学生的学业进行合理"增负",提高学业挑战度,势在必行。

和学业负担研究一样,我国课业负担的研究也缺乏对大学生群体的关注,大多零星分散于其他领域的专题研究。20世纪80年代后期,沈苹等人在研究大学生视力不良的现状中率先发现大学生课业负担加重、体育活动相对减少是导致视力下降的主要原因。随后关于大学生课业负担问题的直接研究有所中断,直到2007年黄瑜等人开展了大学生考试焦虑与主观课业负担关系的调查研究,才将大学生课业负担的话题重新拉回大众的视野。卢锴锋以医学院大学生为研究对象,对考试焦虑、主观课业负担和成就动机进行关系研究,发现大学生主观课业负担越重,考试焦虑程度越高,二者存在显著性相关。李祥城等人对大学生课业负担进行调查认为高校课业负担较轻,课业水平适中,需适当提高大学生的学业负担,促进学生学习,实现更好的发展。此后,关于大学生课业负担的研究缓慢发展,主要集中在大学生课业负担的调查分析或心理问题与课业负担的关系研究等方面。课业负担可以看作课时、作业、考试、竞赛过多的综合,是一种课业负担量的集中表现。由此看来,中小学生和大学生的课业负担在内容上并没有本质区别,都给学生学习带来了一定程度的精神负担和学业压力。从大学生课业负担较轻的现实来看,改变大学生学习轻松的现状,给大学生学业或课业合理增负,顺应"中学应减负,大学要增负"的潮流才是课业负担研究适应时代发展的正确选择。

综上,我国大学生的学业负担和课业负担都较轻,给大学生主动加码"增负",符合我国高等教育的实际情况。大学生合理"增负"可以有效增强学生学业压力,驱使学生学习,有助于增加学生学习性投入,改善大学生学习现状,提高大学生学习质量,不仅是当前深化高等教育改革的形势和任务,也是对公众对高等教育普及化的教育质量问题的正面回应。

二、学业挑战度的变迁

(一) 学业挑战度在西方的产生与发展

1. 学业挑战度在西方的产生

大学之所以存在且能够发展的根本原因,在于其教学和科研活动中体现的学术性,学术性是大学教育区别于其他层次教育的本质特征。从近代大学发展的历史来看,大学形成之初便以突出科学研究而著称,大学的学业因此具有明显的学术倾向,发展科学也成了大学的主要职能。在大学生学术训练受到高度重视的同时,强化了学业与学术的联结,大学生的学业也愈发具有学术性特征。而学术是知识的累积、生产和再创造,需要面对各种困难和挑战,不断发现、探索、研究新问题,高等教育又处于知识传播的前沿,这一反复论证的过程,注定了学术挑战在高等教育研究领域的兴起。学业挑战度这一概念直接起源于国外的"academic challenges",其字面意义就是学术挑战或学业挑战。在学业挑战度的研究早期,有学者直接将"academic challenges"视为学生学业学习的困难,如泰布尔(Taibl)认为可以通过游戏、活动和练习,开发共济失调儿童的受教育潜力,帮助其更好地发展。学术挑战和学业挑战几乎存在国外学术研究的各个学科领域,泛化了学术挑战和学业挑战的内涵与外延。高等教育研究中的学业挑战度则可以看作学业挑战水平的衍生,和美国高等教育评估有着密切联系,是高等教育质量的集中反映。

2. 学业挑战度在西方的发展

美国本身拥有较为悠久的高等教育评估历史,是世界上最早开展大学排行榜的国家,形成了相对浓厚的评估制度和评估文化。20世纪80年代中后期,面对本科教育质量下滑的现状,美国教育研究界意识到亟须采用科学有效的测量工具来监测大学生学习体验和状况,为提升高等教育质量服务,以回应公众问责。一方面,学习性投入和学生参与等相关理论的兴起,进一步推动了美国本科教育评价理论的完善,为NSSE的开展奠定了理论基础;另一方面,大量实证的研究方法纳入到美国高等教育质量评估改革之中,工具性指标得到大力开发实践,为NSSE的设计提供了启发。1986年,美国学者齐克林(Chickering)和加姆孙(Gamson)在约翰逊基金会和莉莉基金会的支持下,邀请诸多高等教育研究领域的专家学者,联系自身参与本科教育质量提升的实际经验,对本科教育质量提升进行了深入交流探讨。次年,关于"本科教育良好实践七项原则"正式公布,主要包括鼓励师生间进行良好的交往、学生间良好的合作、教师促使学生积极学习、教师给予学生及时的反馈、强调学习任务的时间性、鼓励教师向学生传达良好的期望、鼓励教师尊重学生个性差异并提供多元的学习方式。"本科教育良好实践七项原则"引起了教育界和学术界的强烈反响,产生了重大影响。不久,尤厄尔(Ewell)等人在前人研究基础上,开发出一套学生参与理论指标体系,将学生参与理论在院校管理中的影响推进了一步,为教育组织开展定性和定量研究测量活动提供了思路。1998年,美国皮尤慈善信托基金会和全美高等教育管理系统中心联合召集本科教育研究及质量评估专家对本科教育质量评估的新模式进行探索,着手启动NSSE评价项目的研发,基本遵循尤厄尔的测量理念。其中,学术挑战的等级(Level of Academic Challenge,LAC)被用作NSSE项目中的第一项基准,标志着学业挑战度这一全新概念的诞生,详细包括阅读量、写作量、教师期望、学习时间的投入等。1999年美国印第安纳大学由乔治·库(George Kah)成功组织了NSSE第一次试点,随后开始了在全美高校的推广和应用。

作为关于大学质量和大学生学情调查的新的思考方式,NSSE迅速在国际舞台上兴起,并急速扩散至欧洲、亚洲、南美洲和大洋洲乃至非洲的一些主要国家,掀起了学界对大学生学习性投入研究的高潮。尽管随着本科生学情和高等教育发展环境的变化,NSSE测量指标的内容也有所更新,但基本保持原有的框架,学业挑战度这一指标也相对稳定。

（二）学业挑战度在我国的产生与发展

1. 学业挑战度在我国的产生

种种典故显示，高水平的学业挑战在我国古代就已存在，并不是现代大学特有的现象。"凿壁偷光""牛角挂书""韦编三绝""囊萤映雪""悬梁刺股"等故事历来被当作古代学子苦学成才的佳话。"笨鸟先飞早入林""书到用时方恨少""学海无涯苦作舟"等格言一直被人们视作学习奋斗的座右铭。自隋朝建立科举制度，埋首读书几乎是古代学子唯一可以改变自身生活状况的机会。读书入仕是古代学子绕不开的话题，"春风得意马蹄疾，一日看尽长安花""十年窗下无人问，一举成名天下知"是古代学子考取功名的真实写照。回首我国古代学子的求学经历和学习状况，正如王国维先生提出的读书理论，成大事业、大学问者必经过三种境界：第一种境界为"昨夜西风凋碧树，独上高楼，望尽天涯路"；第二种境界为"衣带渐宽终不悔，为伊消得人憔悴"；第三种境界为"众里寻他千百度，蓦然回首，那人却在灯火阑珊处"。要想在学业上取得成功必须要有专注的精神、忘我地投入、不懈地坚持。无疑，古代学生的学习环境、学习机会、学习条件十分有限，学业负担繁重，具有巨大的学业压力，个人前途和国家命运紧密联系，须要克服种种困难，历经"十年寒窗苦"，方能实现"修身、齐家、治国、平天下"的理想抱负。近代以来，在高等教育精英化阶段，我国也只有少数人才能上大学，学习机会来之不易，"知识饥渴症"普遍存在，学校学习氛围浓厚，社会艰苦奋斗之风盛行，师生关系良好，学生学习性投入度高，接受精英教育的大学生同样拥有较高的学业挑战水平。而伴随高等教育的增量改革，部分高校盲目扩招，导致原有高校生均教育资源下降，优质教育资源受到稀释，影响了高等教育质量。可以看出，学业挑战度在高等教育大众化阶段的诞生有其历史必然，大学生学业挑战度较低的现象应当只能存在高校规模扩张的高等教育大众化和普及化阶段，因此，其与学生学习和高等教育质量的密切联系也理应引起社会各界的高度重视。

2. 学业挑战度在我国的发展

大学生较轻的学业负担和课业负担以及提高人才培养质量的现实要求，为 NSSE 在我国的引入和推广提供了逻辑依据，这是现代意义的学业挑战度产生的根源。一方面，国内外关于学业负担和课业负担的理论研究已十分成熟，为研究对象由中小学生向大学生的转移过渡奠定了基础；另一方面，我国高等教育进入普及化的初级阶段，亟须满足社会高质量发展的需要。学业挑战度相关理论的不断发展和大学生学情调查实践的日趋深入，也加速了学业挑战度在我国本土化的推广与应用。

作为 NSSE 中的一个重要维度，学业挑战度是学生学习行为表现和在学业上时间与精力投入程度的高度反映。学业挑战度在我国的发展起步相对较晚，2009 年 NSSE 的成功汉化可以视作学业挑战度这一外来概念完成本土化的象征。在我国，学业挑战度的初始含义近似于学校层面上学业的严格要求，既需要教师确保课程的难度，又要求师生双方保持较高的期望水平。测量内容包括以下三个方面：一是学生学习的努力程度，反映学生学习行为的问题,如学生投入学习的时间、课程要求的学习任务以及学生努力学习以达到任课教师要求的程度等;二是学生感知的高阶学习,主要考查学生对课程质量问题的感知,如知识的分析、综合、判断、应用能力等;三是学生感知的院校环境,如学校对学业投入的强调等。杜金柱等人将学业挑战度的考察范围分为课程挑战度、写作量和高级思维技能三类,其指标内涵在于学校如何通过强调高标准的课程要求和学习要求来提高学生的学业成就。米子川等人认为学业挑战度反映着教师对大学课程的理解和学校对于课程教学质量的控制能力,学校对学生提出的学业挑战,基本上可以代表学校的教学水准和人才培养的学术质量。李秋丽等人则将学业挑战度的测量内容概括为课程能力要求、学业任务量和学习时间。敖洁等人提出学业挑战度会对学生的学习态度、学习兴趣产生直接或间接的影响,是影响学生学习收获的关键因素,需要从学生和院校两个层面看待学业挑战度问题,综合反映高校的教育质量。

  在学情调查研究的深入推进下,我国本土化的"学业挑战度"的内涵也不断丰富。在研究重点上,从学业挑战度的调查测量逐渐转向提升学业挑战度的课程教学改革,强化了学业挑战度与"金课"建设以及学业"增负"的联系。在研究内容上,呈现出弱化原先对课业量的关注,强调课程对高阶认知能力培养的趋势。总体来看,尽管国内针对大学生学业挑战度的调查实施时间较短,发展不充分,影响范围有限,尚处于研究初期,但就学业挑战度的考量原则和对大学生进行合理"增负"的形势达成了一致意见。

第三章 概念界定与理论基础

尽管国内外关于学业挑战度的直接研究整体尚处于起步阶段,但其理论基础发展已相对深厚,在学习性投入、教育质量、学业挑战度的测量等方面取得了一定进展,关于提升本科生学业挑战度的话题也逐渐引起了社会各界的持续关注。本章将重点阐释研究所涉及的主要概念、理论基础,为研究的顺利开展确立明晰的理论框架,确保研究的科学性。

一、概念界定

(一)地方高校

根据高校发展定位以及人才培养层次的高低,可以简单将本科层次的高校分为一流大学、地方高校和普通本科学院三种类型。其中,地方高校被视为高等教育与地方经济相互结合的产物,伴随地方高校实力的不断壮大以及高等教育社会服务职能的日渐完善,地方高校和地方经济建设的联系日益紧密,最终发展成为了我国高等教育体系的主体部分。我国地方高校的发展较为复杂,传统观念认为地方高校是从行政管理出发形成的集合概念,本质上是政府主管部门和高等学校间隶属关系的体现。刘英华认为,以地方财政拨款为主要办学经费,承担为地方行业或企业培养人才的普通本科高校就是地方高校,主要包括办学历史较长的地方本科院校、部委或行业转制到地方管理的本科高校、新建的本科院校三类。在《地方本科院校转型发展实践与政策研究报告》中,地方本科院校是指隶属于各省、自治区、直辖市,以地方财政供养为主,承担着为地方(行业)培养人才、提供服务的普通本科院校。由此看来,地方高校是除去隶属于教育部或其他中央部委直接管理的高校之外的,包含本科层次、专科层次的地方所属并管理的高等学校,等同于地方所属高等学校。公办或民办的本科层次、专科层次院校以及部分独立学院,只要由地方拨付办学经费,为本地区经济建设服务的高校都属于地方高校的范畴。当前,绝大多数地方高等学校主要由地方财政支持和资助,并受地方政府领导和管辖。随着我国本科职业教育试点的展开以及独立学院和高职院校的合并转设,部分职业院校升格为本科,普通本科和职业本科的区分界限也愈发模糊。本书中的地方高校仅指地方本科高校,不涉及民办院校、独立学院以及职业院校升格的本科院校。地方本科高校具有浓厚的地方特色,主要为当地政府、企业和人的发展提供服务,满足了当地的经济和社会发展需求,促进了当地经济、科技、文化、教育的进步。

（二）本科生

《教育大辞典》中，将本科生定义为攻读普通高等院校本科层次（包括公办和民办本科）的学生。在学制上，本科生有别于以培养技术型人才为目标的三年制大专生，修业年限一般为四年或五年，毕业时授予学士学位。在培养方式上，与专科学生相比，本科生更注重理论素养的培养，要求需系统掌握本学科专业所必备的基础理论知识和专业素养，同时要具备一定的从事本专业业务工作和开展独立研究工作的能力。

（三）学业挑战度

作为本书的核心概念，"学业挑战度"是一个出现时间不长的"舶来品"，它的出现有赖于师生双边的共同建构与投入，应涵盖学习任务的数量和质量。当前，学术界关于"学业挑战度"的内涵和性质尚未达成共识。"学业挑战度"源于 NSSE 项目五大指标之一的"学业挑战水平"（Level of Academic Challenge，LAC），其他四项分别是主动合作学习的水平（Active and Collaborative Learning，ACL）、师生互动的水平（Student Faculty Interaction，SFI）、教育经验的丰富度（Enriching Educational Experiences，EEE）、校园环境的支持度（Supportive Campus Environment，SCE）。起先，学业挑战度主要指的是学业的严格要求。当大学生学习性投入引起学界的关注后，其内涵随之有了新的发展和变化。王娟娟基于大学生学习性投入调查的视角，将富有挑战性与创造性的学习视为学业挑战度，主要包括学生学习性投入时间、学生的阅读量、写作量等。韩菊花直接将学业挑战度看作学术挑战水平的反映，认为挑战性知识和创造性工作对学生学习和学校教学的质量是关键性的。黄美娟指出"学业挑战度"具体是指高等院校对学生学业的重视程度和标准高低。李晓婵根据 NSSE 问卷维度对学业挑战度进行了阐释，认为学业挑战度是指大学对学生学业努力的强调程度和对学生的学业表现设置高期望的程度，较高的学业挑战度会促使学生产生高水平的学业成就。崔亚楠认为学业挑战度是指高校课程设置合理体现高阶认知目标，在课程的设置过程中注重学生的阅读写作技能的训练，最后表现为学生高阶认知的提高和较高的学习性投入。苌梦可将学业挑战度视为学校课程设置科学合理，体现高阶学业要求；教师在教学过程中有效指导学生进行反思、整合等进行高阶学习的教学方法和教学要求；同时还要关注学生的学习表现和掌握的认知能力水平。

不难看出，"学业挑战度"在多数时候被当作评估大学教学质量的一个重要维度，很难有一个确切的一维的界定，其内容包含学校和学生两个层面，既要反映学生的学习行为表现和在学业上的时间和精力的投入程度，又要通过学生的行为表现和自我报告来间接对高校的学业要求、学业标准和对学业的支持程度等进行评价，以体现高校的教育质量。因此，吴凡提出学业的严格要求应该是与"学业挑战度"最相近的概念，他认为学业挑战度是指教师对学生学业所设定的标准以及对学生和自己所持有的期望。

综上所述，"学业挑战度"是一个多维的综合概念，其内涵亦会随研究者对学业挑战度和高等教育质量间复杂关系理解的逐步加深而不断演化。从广义来看，"学业挑战度"反映了学生学习任务的难度与水平，是客观存在的衡量学生学习和高校教育质量的重要标准。从狭义来看,基于学生视角的"学业挑战度"是一种学生主观的"难度"感受,是课程的高标准、严要求,能够保障学习内容有足够的难度以区分不同的学生,在一定程度上来说,课程考试挂科率或毕业生结业率高就是学业挑战度高的表现。

二、理论基础

学业挑战度的测量关键是围绕学生的学习行为和教育经历展开,遵循以学生为中心和以学习为中心的高等教育质量过程性评价理念。因此,现有研究主要以学校氛围、学习性投入、课程能力要求与学习满意度为评判学业挑战度水平高低的指标,结合提升大学生学业挑战度的现实和教育是培养人的这一本质,人的全面发展理论、任务时间理论、学生参与理论、学习性投入理论、努力质量理论、最近发展区理论构成了学业挑战度的理论依据。

(一) 人的全面发展理论

马克思针对资本主义社会个人关系和社会关系的异化,基于历史辩证法,探寻人的本质和本性,认为每个人都是独立的、唯一的个体,指出只有在集体中,个人才能获得全面发展其才能的手段,也就是说,只有在集体中才可能有个人自由。他批判在资产阶级社会里资产者唯恐失去的那种教育,对绝大多数人来说是把人训练成机器。人在本能上就不断追求刺激和挑战,不满足于自己的生活,追求自我完善,人的全面发展也是由儿童、青年、成人三个阶段过渡到我的发展过程。人的全面发展是一切教育活动的根本目的和价值追求。高等教育要解放人的天性,让学生成为思想的主人,引导学生关心精神和现实世界,才能让人发现自己本身,真正成为现实存在着的、活动的人。人的全面发展历程是一个历史过程,一个真正的人是拥有自由意识、自我意识的具有独立性和个性的人。因此,在社会主义社会里,教育的最终目的是促进人的全面发展,强调个体和社会的和谐。唯有通过教育,提高大学生学业挑战度,要求学生不断学习,终身学习,才能促进人的全面发展,适应时代对复合型高素质人才的要求。

(二) 任务时间理论

任务时间理论与管理理论是紧密关联的,古典管理理论的代表人物法约尔(Fayol)认为管理是一个过程,可以通过教育使人们学会进行管理并提高管理水平,受教育程度对管理有着积极的促进作用。管理的主要目的应该是使雇主实现最大限度的富裕,也应使每个雇员实现最大限度的富裕。泰勒(Taylor)在总结前人管理理论的基础上创立科学管理理论,指出为提高工人的积极性和生产效率,实现资方和工人的富裕,经理人员必须给他的工人们以一般企业所没有的一些特殊的刺激,进而形成最佳管理体制。长此以往,在这种管理体制下,工人们可以发挥最大程度的积极性;作为回报,则从他们的雇主那里取得某些特殊的刺激,这种管理模式被称为积极性加刺激性的管理,亦称任务管理。现代科学管理中最突出的独一无二的要素就是任务观念,任务则由工人和资方联合努力完成,完全适用于从最基本的到最复杂的所有工作。在学生学习上,任务时间管理对提升学生学习成效具有相关性,目标任务的分解强化了学生对时间的利用程度,能够提高学生的学习效率,保障学习效果。

(三)学生参与理论

奥斯汀(Astin)认为学生的参与度是指学生致力于学习经历的身体和心理能量。因此,高度参与的学生具有以下特征:在校园学习上花费大量时间,投入大量精力,积极参与学生活动,经常与教师、同学保持积极互动。参与是活动术语,同时具有定量和定性的特质,学生学习的过程就是学生参与的过程。他发现学生全身心参与学校活动的投入程度与取得的学习效果呈正相关关系,强调教师教学需以学生为中心,通过学生参与在合作相处的过程中达到学习的目的。高校应组织大量的活动,保证教育活动质量,鼓励学生参与高校教学和管理,丰富学生在校学习体验。奥斯汀指出,在学生发展阶段,参与理论有五个基本假设:一是学生通过参与活动释放自己生理和心理能量,这些参与最终会成为学生的教育经历,并为其顺利毕业打好基础;二是每个学生参与的目标和诉求各不相同,参与的程度和收获也会不同;三是参与既要重视量也要重视质;四是学生学习和发展的质量与学生参与的质量具有一致性;五是教育政策的引导在促进学生参与方面是有效的。

(四)学习性投入理论

乔治·库(George Kuh)认为通过高校的资源、声誉、排名等外部条件来评估高等教育质量是片面的,既不客观又不准确,忽视了学生的主体地位,提出要通过运用学生的学习性投入来全面地诊断高校的教育质量,进而在大学生发展和大学影响的理论基础上形成了学习性投入理论,强调衡量高校教育质量的核心指标就是学生的投入程度,学生投入得越多,学生学习效果越好,反之,投入得越少,学习效果越差。学生行为、大学前经历以及院校条件是影响学生学习性投入的主要因素。基于学习性投入理念,美国全国高等教育管理系统中心、美国皮尤慈善信托基金会和美国印第安纳大学共同成立了NSSE项目团队,主要从两个层面对高等教育质量进行过程性评价:一是学生层面,主要测量学生投入到有效学习中所花的时间和精力;二是学校层面,重点考察大学是否采取了积极有效的措施吸引学生参与各项活动。其研究结果表明,让学生充分地参与各种活动有助于提高学生学习质量,促进学生个人发展。陈勇等人则将学生行为和院校条件的相互作用解释为学习性投入的本质,在他们看来,学生的学习性投入是一个测量学生个体在自己学业与有效教育活动中所投入的时间和精力,以及学生如何看待学校对他们学习的支持度的概念。

(五)努力质量理论

佩斯(Pace)在泰勒(Taylor)发现学生学习时间与学习成效间的相关性的基础上,指出当前很难用普通标准来评估大学对学生影响的性质和程度,学生参与高水平的学习和个人发展密切相关,因此,可以从学生的学习时间和活动参与两个方面阐释学生的学习对学习成效的影响。现实中,学生学习成效既与时间投入长短有关,又与学习活动的实质意义紧密相关。他认为,有效的教育实践可以作为提高本科教育质量的宝贵手段,要评估学生的学习情况,仅仅关注学生的学习时间长短是不够的,还要关注这些学习实践的行为和活动。只有全面考查学生的学习时间和投入程度,当学生把时间和精力投入到有意义的学习活动中,做到"有质量的时间投入"才能取得良好的学习效果。作为向社会输送高质量专业人才的高校,应关注对学生的学习更为重要的东西,注重学生综合素质与人格的培养,创新大学质量评价模式,思考如何帮助学生开展自我分析和改进,引导学生利用学校提供的资源进行"有质量的时间投入",提高本科教育质量。

(六)最近发展区理论

最近发展区理论是教育家维果茨基(Vygotsky)提出的儿童教育发展观。他针对传统教育只注重教学生学习知识,轻视教学活动中学生潜能的开发这一缺点,认为教学要围绕学生认知方面可能的发展水平教学,提出教学最佳效果产生在最近发展区。他认为在传统的教学过程中,学生学习仍局限在实际发展水平之内,其智力没有得到有效扩展。学生的发展有两个层次:一个是学生已经达到的水平,即通过独立活动可以解决问题的实际水平;另一个是学生通过努力可能达到的发展水平,即通过教学获得的潜力。两者之间的差距就是最近发展区。教师要将学生置于超越已知基础,"接近全知而又未能全知"的境地,辅导学生学习新的知识。教师教学应着眼于学生的最近发展区,教学内容必须考虑儿童已经达到的水平并要走在儿童现有发展水平的前面,向他们提供稍微超出学习能力,在教师帮助下可以完成的挑战性学习任务。教师需要向学生提出更高的发展要求,促使学生进行真正的学习。教学目标的制定应关注儿童发展区域的上限,关注学生在外界帮助之下能够达到的水平,学生才能在恰当的引导下取得先前没有预见的成功。维果茨基最近发展区理论有助于帮助学生掌握知识并促进其内化。在本科生教育阶段,最近发展区理论同样具有指导作用,高校需要提升学业挑战度开发学生潜能,保证人才培养质量,适应当前高等教育资源竞争愈发激烈的需要。

三、影响学业挑战度的因素分析

本书在借鉴前人的研究基础之上,结合高等教育新的时代背景和地方高校发展实际,认为影响学业挑战度的主要因素集中体现在学校氛围、学习性投入、课程能力要求、学习满意度四个方面。

(一)学校氛围

学校氛围是学校中被学生所体验并对其行为产生影响的、相对持久而稳定的学校环境特征。学校氛围对学校和学生发展具有重要作用,与学生有关的学习环境都可以视为学校氛围的范畴。作为校园文化建设的重要内容,学校氛围不仅是学生在学校中的体验和经历,还会直接影响学生的学业成绩,并对其心理和行为产生影响。良好的外部环境对学生学习具有潜移默化的积极影响,当学生自我管理能力较差,约束力不强,学习动力不足时,他们的自主学习能力离不开学校学习氛围的促进作用。良好的学校氛围不仅能影响大学生的学习方式、学习结果,也是保障学生学习质量和效率的基础,更关系到学生的学习幸福感、学习性投入状况。地方高校的学校氛围会受到诸如办学条件、区位因素、发展定位、师资水平、教育政策的宣传、学科实力、社会口碑、教师领导力等多种因素的影响。高等教育本身和教育制度存在着复杂的联系,与"双一流"大学相比,地方高校国际化水平不高、资金投入有限、对学校氛围建设不重视,尤其在双语学习环境、图书资源支持等方面较为薄弱,先天条件存在不足。生均教育经费支出基本可以直观反映高校发展情况,2018年中国教育经费统计年鉴显示,中央高等本科学校生均教育经费支出为59138.25元,地方高等本科学校生均教育经费支出为30460.28元,两者相差近一倍,资金投入带来的巨大差距,不利于良好的学习环境的营造,限制了学业挑战度的提高,对地方高校学习氛围产生了负面影响。

(二) 学习性投入

学习性投入率先由美国印第安纳大学教授乔治·库提出,既体现在"量"的程度,又体现在"质"的层面。学习性投入不只是一种学习参与,除行动外还包括情感和认知方面的投入,学生花在功课上的时间和学习上的努力程度就可以视为大学生学习性投入度的初始内涵,在很大程度上直接影响学业挑战度的提升。随着研究的深入,社会各界对高等教育质量和大学生教育过程的持续关注,学习性投入的内涵发展至学生在个人学业和课堂内外有效教育活动中所投入的时间及精力以及学校如何在政策、实践及制度等方面吸引及支持学生学习,其本质就是学生行为与院校条件的相互作用。学习性投入将最有价值的学习经验与大学教育成果建立联系,为考察大学教育过程及其有效性提供了一把钥匙。大量研究表明,学习性投入会对大学生的学习质量和教育经历产生积极影响。学生的学习性投入特征也被用来反映教育质量,它也是反映学生学习和个人成长的最好指标。可以预见,如果课程学习任务是富有挑战性的,会要求学生高强度的学习性投入,强调学生在学习上投入大量时间和精力,也有助于培养锻炼学生的学习能力,提高学生学习获得感,提升学习效果。良好的学业挑战度,能够激发学生积极投入学习,帮助学生养成学业挑战意识和精神,端正学习态度,强化学习动机。加大学生学习性投入,是激励学生刻苦学习,保障学业挑战度水平与质量,深化本科教育教学改革,全面提高人才培养质量的可行策略。

(三) 课程能力要求

课程能力指的是学校对课程的驾驭过程中所表现出的能效状态,它追求的是一种对课程的有效驾驭,追求实践活动中的课程价值最大化,一般包括课程理解能力、课程组织与实施能力、课程设计与规划能力、课程资源建设能力四大要素。直接表现为课程规划、开发、实施、管理和评价等学校行动能力,间接表现为蕴含在行动背后的课程领导、整合、协同、创新的理性能力。课程能力要求则是基于学校课程能力之上的期望或条件,事实上,我们应该注意的是教学活动对学生学习过程和个性品质的影响,而不是教学活动本身。在学校教育过程中,课程是影响学生发展的关键因素,提升学校课程能力既是大学课程改革实践的基础,也是课程理论发展的需要。课程能力作为一种专业能力,只有在师生积极参与、共同开发、民主研讨、持续探索的过程中,才能得到整体性的提升。一方面,高等教育的培养方式离不开高质量的课程,另一方面,学业挑战度的提升也需要学校课程能力的支撑。课程能力通常反映在师生的日常行为之中,只有学校课程能力不断创新和提高,才能发挥课程价值,保障人才培养质量。从广泛意义上来看,教学覆盖了大学在本科教育阶段向学生传授的所有课程,课程本身就是教学的一个方面,还包括课程目标、课程结构、学生咨询活动以及师生互动,同时这也是学业挑战度提升的主要内容。课程是教师教育行为的载体,是高校教育教学目标达成的主要方式,任何新课程的改革和施行,都需要学校课程能力与之相适应,学业挑战度的提升也需要增加课程能力要求,深化学校内涵建设。

(四) 学习满意度

学习满意度是指学生在学校教学活动中对学习目标实现情况的满意程度,它会受到教学水平、教学关系、学习氛围、人际关系等多种因素的影响,贯穿大学生的整个在校学习过程。李宝等人的研究证实在混合式学习环境下,学习动机、学习氛围、交互行为是影响学习满意度最直接的因素。张男星等人通过实证调查进一步证明本科生教育满意度与自身的学习和努力程度呈正相关关系。因此,通过学习满意度的考察,可以基于学生群体的心理反馈,分析学生的日常学习行为和收获,客观反映高校教育教学质量,为学业挑战度的有效提升提供经验借鉴。学习满意度的关键性和重要性在于其作为大学生的主体性表达,能够通过科学的方法实现测量,是大学生对参与学习结果的评判指标,也是全面提升高等教育质量的关键,对学习质量的影响具有内在持久性。从学习满意度的形成逻辑来看,大学生在校学习经历和与之相应的学习满意度,不仅直接反映了大学生学习的主观体验效果,也反映出学生群体对高等教育质量的感知。学业挑战度和学习满意度都可以视为高等教育质量评判标准的构成要素,学业挑战度的提升需要通过学习满意度的反馈。正是有了学习满意度,使得学习的过程质量和结果质量形成内在统一,从保证学习过程质量出发,提高大学生学习的结果质量,最终达成人才培养质量提升的终极目标。学业挑战度的提升,强调学生高强度的学习性投入,增加了学习负担,短期可能会引起学生抱怨和不满,但长远来看,高质量的学习性投入有助于检验学生的专业素养,整体提高学生的社会竞争能力,反而会增加学生的获得感、满足感,并促进学生的院校专业认同感和归属感的提高,带动学习满意度的全面提升。

第四章 地方高校本科生学业挑战度的现状调查

本章通过对地方高校本科生学习经历的问卷调查和毕业生毕业、学位资格审核简况文本的深入分析,从多方面综合反映本科生学业挑战度的现状,客观呈现当前地方高校本科生学业挑战度存在的现实问题。

一、调查方案

(一)问卷主体

本章采用的问卷主体部分源于吴凡根据 NSSE 官方英文原版问卷和编码手册,提取出与"学业挑战度"相关的 11 个英文题项编制的"大学生学习情况调查问卷"。问卷的总克龙巴赫 α 系数为 $0.773(n=637)$,高于 0.70,信度较好。一方面,问卷的问题总体上多为翻译后直接呈现,与英文版问卷保持了较高的一致性;另一方面,本章综合了新的时代背景和特定的研究对象,在遵循预设的理论框架下基本保留了问卷的关键题项,保障了研究结论的准确性。

(二)问题结构

本章中的调查问卷主要由两大部分构成:一是人口学变量,包括性别、专业、就读高中类型、父母职业、父母学历等基本信息;二是地方高校本科生学业挑战度的认知调查,主要是关于大学生在校经历的分析和评价。在第二部分学业挑战度的认知调查中,划分为学校氛围、学习性投入、课程能力要求、学习满意度四大分析诊断指标,为保证量表的信效度,加入了反向计分题,每个指标均由 4~8 个小题构成,涉及的主要内容如下:学校氛围指标包括教育政策的宣传、教育制度的影响、教育制度与学习的关系;学习性投入指标包括学习性投入时间、学习性投入精力、阅读量、写作量、学习活动频率;课程能力要求指标包括课程强调、课程考核方式、考试内容、考试与学习效果、院校行为和要求;学习满意度指标包括学习动机评价、自我学习能力评价、学生对院校行为和要求的反应。

(三)问卷试测与信效度检验

本研究调查对象主要是地方高校本科生,为扩大题项适用范围,排除民族和网络媒介因素,同时考虑研究需要与地方高校本科生学习实际,在吴凡的"大学生学习情况调查问卷"的基础上,删除部分相关程度较低的题项,比如课下学习、兼职、打工、参加课外活动、上网聊天等。鉴于实习与毕业论文在本科生培养过程的重要性,增加了如课程考核、毕业论文质量、实习过程验收、课程考核方式等题项。项目编好后和部分本科生、研究生以及教师就学业挑战度相关核心问题进行深入交流研讨,形成最终问卷。考虑到吴凡调查样本量相对较少,没有实施预测,为确保研究的科学性,本次调查在修订部分题项后进行试测,重新进行了信效度检验。2019 年 6 月,笔者随机选取安徽省地方高校 H 大学的本科生为研究对象,进行问卷试测,共发放 300 份问卷,回收 253 份问卷,回收率为 84.3%,有效问卷为 253 份,有效率为 84.3%。采用 SPSS 22.0 对问卷进行检测,结果表明问卷总信度为 0.966,高于 0.70,具有良好的信度。如表 4-1 所示,KMO 值为 0.900,接近 1,因子分析效果良好,Bartlett 球形检测的显著性为 0.000,数据具有相关性,结构效度较好。

表 4-1　KMO 与 Bartlett 检测

大约卡方值	自由度	显著性
10260.406	2628	0.000

注:Bartlett 球形检测,KMO 测量取样适当性为 0.900。

二、调查过程

(一) 调查对象的选取

H 大学是一所综合性省属重点大学,在安徽省总体排名靠前。2007 年在教育部本科教学工作水平评估中获得"优秀"等次。2009 年增列为省级立项建设博士研究生培养单位和博士后培养单位。2018 年通过教育部本科教学工作审核评估。2019 年 6 月获批"第一届安徽省文明校园"。学校现有两个校区,占地面积 160 公顷,专任教师 1200 余人,18 个学院,85 个四年制本科专业,全校在校本科生 21681 人,研究生 1000 余人。建校 45 年来,H 大学为社会培养了各类高素质专业人才,为地方发展建设做出了突出贡献。近年来,H 大学加强校地、校企合作,培育了一批产学研合作基地,在服务地方发展上取得了显著成效。2019 届本科毕业生初次就业率为 90.76%,稳居同类高校前列,在我国地方高校中具有一定代表性。

(二) 正式问卷的发放与回收

正式问卷发放时间为 2019 年 6 月 24 日至 7 月 20 日,为方便数据的获取和统计,同时考虑期末考试和暑期放假因素对纸质调查问卷回收的影响,本次问卷调查主要通过网络发放。调查采用分层整群抽样法,调查内容主要涉及过去一年的在校学习经历和反馈。7 月正值暑假期间,大一、大二、大三学生已陆续离校,大四学生则会相继返校办理离校手续,所以调查优先针对大一、大二、大三学生进行,最后再调查大四学生,调查对象覆盖了大学生本科所有年级。

（三）正式问卷信度检验

除去人口学变量因素，对问卷学业挑战度的 24 个问题，73 个题项进行信度检验。如表 4-2 所示，通过 SPSS 信度检验，得出正式问卷克龙巴赫 α 系数为 0.973，信度良好。

表 4-2 可靠性统计资料

克龙巴赫 α 系数	项目个数
0.973	73

三、调查结果与分析

本次调查共发放 1600 份问卷，回收 1468 份问卷，回收率为 91.75%，剔除 7 份无效问卷，有效问卷 1461 份，有效率为 99.52%。为挖掘 2017—2019 届本科毕业生毕业、学位资格审核简况文本的研究价值，深入研究本科生未能按时毕业的原因和学业挑战度的关系，在问卷发放过程中对大四学生群体有所侧重。在冯建民老师的帮助下，笔者参与了大四毕业班学生毕业证书和毕业纪念品的发放工作，以此为契机收集了较多大四学生的调查数据，最终回收问卷数大四＞大一＞大二＞大三。

（一）样本基本体征

调查对象基本信息如表 4-3 所示，从性别上看，在接受调查的本科生中，男生人数为 587 人，占总调查人数的 40.2%，女生人数为 874 人，占总调查人数的 59.8%，男女比例接近 2∶3。从年级上看，大一学生 369 人，占总人数的 25.3%，大二学生 346 人，占总人数的 23.7%，大三学生 234 人，占总人数的 16.0%，大四学生 512 人，占总人数的 35.0%。

表 4-3 性别年级信息统计

年级	男生	女生	人数	百分比（%）
大一	237	132	369	25.3
大二	105	241	346	23.7
大三	108	126	234	16.0
大四	137	375	512	35.0
总计	587	874	1461	100.0

如表 4-4 所示，从专业上看，文学专业学生最多，有 342 人，占总人数的 23.4%，其次是其他专业学生，有 295 人，占总人数的 20.2%，再次是教育学专业学生，有 178 人，占总人数的 12.2%，随后依次是理学、工学、管理学、经济学、艺术学、法学等专业，接受调查的历史学

专业学生最少,仅有 28 人,占总人数的 1.9%。

表 4-4 专业信息统计

专业	人数	百分比(%)
文学	342	23.4
法学	81	5.5
工学	113	7.7
理学	141	9.7
教育学	178	12.2
艺术学	82	5.6
管理学	106	7.3
历史学	28	1.9
经济学	95	6.5
其他	295	20.2
总计	1461	100.0

如表 4-5 所示,从成绩等级和奖励来看,绝大多数学生成绩等级在 70 分以上的三个区间,合计占比达 70.9%。其中有 362 人成绩等级为 70~80 分,占总人数的 24.8%;有 337 人成绩等级为 90 分以上,占总人数的 23.1%;有 336 人成绩等级在 80~90 分之间,占总人数的 23.0%;仅少数学生成绩占比在 60 分以下或 60~70 分之间,合计占比不到 30%。从在校获得的奖励来看,有 458 人未获得奖励,占总人数的 31.3%,有 323 人获得过国家级奖励,占总人数的 22.1%,有 315 人获得校级奖励,占总人数的 21.6%,有 315 人获得过院级奖励,占总人数的 16.6%,获得过省级奖励的学生人数最少,有 122 人,占总人数的 8.4%。

表 4-5 成绩等级和奖励统计

类别	题项	人数	百分比(%)
在校期间的成绩等级	60 分以下	273	18.7
	60~70 分	153	10.5
	70~80 分	362	24.8
	80~90 分	336	23.0
	90 分以上	337	23.1
在校获得的奖励	未获得	458	31.3
	院级	243	16.6
	校级	315	21.6
	省级	122	8.4
	国家级	323	22.1

如表 4-6 所示,从生源分布来看,有 515 人来自农村,占总人数的 35.2%;来自直辖市的有 332 人,占总人数的 22.7%;来自地级城市的有 210 人,占总人数的 14.4%;来自县城的

有177人,占总人数的12.1%;来自省会城市的有162人,占总人数的11.1%;来自镇区的有65人,占总人数的4.4%。从就读高中类型来看,有306人就读于省级重点高中,占总人数的20.9%;就读于全国重点高中的有287人,占总人数的19.6%;就读于其他高中类型的人数有265人,占总人数的18.1%;其他依次为地市重点、普通高中、县级重点,共有576人,合计占比为39.4%;职业学校人数最少,有27人,占总人数的1.8%。

表4-6 生源分布和高中类型统计

类别	题项	人数	百分比(%)
生源地	直辖市	332	22.7
	省会城市	162	11.1
	地级城市	210	14.4
	县城	177	12.1
	镇区	65	4.4
	农村	515	35.2
高中类型	全国重点	287	19.6
	省级重点	306	20.9
	地市重点	212	14.5
	县级重点	175	12.0
	普通高中	189	12.9
	职业学校	27	1.8
	其他	265	18.1

从学生干部经历来看,如表4-7所示,担任过学生干部的有874人,未担任过学生干部的有587人。在担任过学生干部的人数中,女生有567人,占调查总人数的38.8%,男生有307人,占总人数的21.0%,在未担任学生干部的人数中,女生有307人,占总人数的21.0%,男生有280人,占总人数的19.2%。

表4-7 学生干部经历统计

类别	题项	性别	人数	百分比(%)
学生干部经历	未担任过学生干部	男	280	19.2
		女	307	21.0
	担任过学生干部	男	307	21.0
		女	567	38.8

如表4-8所示,从父母学历统计来看,有346名学生父母学历为小学及以下,占总人数的23.7%,有284名学生父母学历为初中,占总人数的19.4%,随后有278名学生父母学历为研究生,占总人数的19.0%,有213名学生父母的学历为高中,占总人数的14.6%,父母学历为大学本科的有201人,占总人数的13.8%,父母学历为大学专科的有139人,占总人数的9.5%。

表4-8 父母学历统计

类别	题项	人数	百分比(%)
父母学历	研究生	278	19.0
	大学本科	201	13.8
	大学专科	139	9.5
	高中(职高、中专、技校)	213	14.6
	初中	284	19.4
	小学及以下	346	23.7

如表4-9所示,从父母职业来看,有404名学生父母在国企或事业单位工作,占总人数的27.7%;有361名学生父母从事其他职业,占总人数的24.7%;有234名学生父母从事个体经营,占总人数的16.0%;有233名学生父母的职业是普通企业员工,占总人数的15.9%;有229名学生父母职业是农民,占总人数的15.7%。从家庭经济水平来看,有391人的家庭经济水平处于中等水平,占总人数的26.8%;有319人处于困难水平,占总人数的21.8%;有283人处于富裕水平,占总人数的19.4%;有244人处于小康水平,占总人数的16.7%;有224人处于温饱水平,占总人数的15.3%。

表4-9 父母职业和家庭经济水平统计

类别	题项	人数	百分比(%)
父母职业	国企或事业单位	404	27.7
	普通企业员工	233	15.9
	个体经营	234	16.0
	农民	229	15.7
	其他	361	24.7
家庭经济水平	富裕	283	19.4
	小康	244	16.7
	中等	391	26.8
	温饱	224	15.3
	困难	319	21.8

(二) 影响学业挑战度的维度分析

1. 性别维度

从表4-10可以看出,H大学本科生在学校氛围、学习性投入、课程能力要求、学业挑战度总分方面的性别差异显著,在学习满意度上的性别差异不显著。男生在学校氛围的得分低于女生,而学习性投入和课程能力要求以及学业挑战度总分方面高于女生,说明在性别上,男生的学习状况更容易受到教育政策、清考制度等外部因素的影响,学业挑战度也相对较高。现实中,与女生相比,男生也更为关注时事政治,调查结果基本符合男女性别在对待教育政策制度的反应差异。男生的学习性投入高于女生,说明与女生相比,男生的学习活动趋向稳定,在写作量、阅读量的学习性投入时间可能较长,课程上的互动也可能更为频繁。在课程能力要求上,与女生相比,男生学习行为表现更为活跃,对学习质量追求的倾向更为明显,可能更关注个人能力的发展。究其原因,很大可能是社会生活中男女分工不同导致的,传统社会观念认为,男生是家庭的"顶梁柱",承担着更多的家庭负担和社会责任,男生在大学期间高水平的学习性投入以及高强度的课程能力要求在一定意义上可以视为男性社会责任的映射。

表4-10 影响学业挑战度的性别维度统计

指标	男($N=587$)		女($N=874$)		T值	显著性
	平均数	标准差	平均数	标准差		
学校氛围	7.84	2.286	9.22	2.677	-10.586	0
学习性投入	77.75	12.072	71.46	12.137	9.731	0
课程能力要求	50.75	12.456	42.35	12.806	12.422	0
学习满意度	66.37	9.33	66.29	9.984	0.167	0.868
学业挑战度总分	183.6	29.215	164.9	29.69	11.883	0

2. 专业维度

从表4-11可以看出,学业挑战度的诊断指标学校氛围、学习性投入、学习满意度、课程能力要求以及学业挑战度总分,在专业的对比上都存在着统计学差异。

基于学校氛围的视角分析,不同专业的学生对教育政策、清考制度、挂科影响等表现出不同的反应。排除其他专业的不确定因素,大体可以分为两个档次:一是均值在8.19~8.57之间,分别有工学、教育学、管理学、历史学、经济学等专业,二是均值在7.60~7.91之间,有文学、法学、理学、艺术学等专业。均值较高的专业数据统计情况基本与专业学习特点保持一致。工学应用性强,职业发展上需要对接国家标准,教育学、管理学、历史学、经济学等专业综合性突出,与社会联系紧密。法学尽管处于第二档,但均值为7.91,居第二档的首位,文学、理学、艺术学等专业的学生在教育政策的认可和接受程度方面的均值则相对较低。不同专业学业挑战度的差异显示,学业挑战度水平的高低对专业的社会适应性有着重要影响,学业挑战度越高,专业的社会适应性可能也越好。

表 4-11 影响学业挑战度的专业维度统计

指标	文学 (N=342)		法学 (N=81)		工学 (N=113)		理学 (N=141)		教育学 (N=178)		F值	显著性
	平均数	标准差	平均数	标准差	平均数	标准差	平均数	标准差	平均数	标准差		
学校氛围	7.6	2.498	7.91	1.852	8.18	1.759	7.7	1.669	8.28	1.697	72.821	0
学习性投入	81.18	11.787	75.93	14.01	73.46	11.133	75.55	11.534	69.93	11.964	27.778	0
学习满意度	65.33	8.854	68.11	9.837	68.3	9.204	70.21	9.535	69.08	8.628	24.476	0
课程能力要求	54.72	13.808	47.28	9.527	45.5	8	46.67	9.67	46.01	7.323	66.479	0
学业挑战度总分	192.63	31.222	175.78	26.945	172.25	21.509	176.11	25.04	170.29	20.383	54.977	0

指标	艺术学 (N=82)		管理学 (N=106)		历史学 (N=28)		经济学 (N=95)		其他 (N=295)		F值	显著性
	平均数	标准差	平均数	标准差	平均数	标准差	平均数	标准差	平均数	标准差		
学校氛围	7.83	1.804	8.36	1.752	8.57	2.026	8.19	1.746	11.52	2.766	72.821	0
学习性投入	74.61	10.013	71.75	13.211	75.61	9.508	75.55	73.25	12.396	67.74	10.128	0
学习满意度	67.41	10.149	68.6	11.275	67.04	8.5	70.6	9.342	60.14	7.852	24.476	0
课程能力要求	45.54	9.347	47.62	8.325	49.32	6.177	46.45	6.968	33.13	14.439	66.479	0
学业挑战度总分	171.99	22.62	174.21	23.71	178.54	15.952	174.63	20.277	145.81	31.344	54.977	0

通过比较不同专业学生的学习性投入,发现大部分专业学生的学习性投入的均值在71.75～75.93之间,如法学、工学、理学、艺术学、管理学、历史学、经济学等专业,而文学专业学习性投入均值最高,为81.18,教育学专业学习性投入较低,为69.93,说明多数专业的学生学习性投入不高。从专业性质来看,文学知识是构成文学专业的核心基础,需要大量的阅读投入,教育是围绕人展开的知识活动,课程设置主要围绕"培养人"而展开,其核心课程主要与教育学和心理学相关,灵活性较大,这可能是造成文学专业和教育学专业学习性投入度差异较大的原因之一。

从学习满意度来看,不同专业学生的学习满意度差异较大,整体满意度水平不高,其中经济学专业学生的学习满意度最高,达到70.60,其次是理学专业学生,学习满意度均值达到70.21,文学、法学、工学、教育学、艺术学、管理学、历史学等专业学生的学习满意度均值介于65.33～69.08之间,其他专业学生的学习满意度均值最低。大学生的学习满意度和就业发展前景高度相关,经济学专业和理学专业较为热门,学生学习满意度的均值也相对较高,由此可以推断,专业发展前景越好,学生的学习满意度越高。

从课程能力要求来看,大部分专业课程能力要求的差异相对较小,法学、工学、理学、教育学、艺术学、管理学、历史学、经济学等专业学生的学习满意度集中在45.50～49.32之间,而文学专业学生课程能力要求均值最高,为54.72,其他专业学生学习满意度最低,仅为33.13。在一定程度上说明学生学习性投入与学习满意度存在某种正向关系,提高学生学习满意度,可以从提高学生学习性投入入手。

从学业挑战度总分来看,文学专业学业挑战度总分均值最高,为192.63,其他专业的学业挑战度总分均值最低,为145.81,多数专业学业挑战度处于一般水平,均值介于170.29～178.54之间,与文学专业的学业挑战度相比存在较大差距,说明H大学本科生学业挑战度水平整体相对较低,还有很大的上升空间。

3. 年级维度

如表4-12所示,不同年级的学生在学业挑战度的四个指标上存在统计学的显著性差异,使学业挑战度总分的差异较为明显。在学校氛围方面大四学生的均值最高,随后依次是大三、大一学生,最后是大二学生。结合学生发展的实际来看,大四学生即将毕业离开学校投入社会,具有丰富的学习经历和深厚的母校情结,主观上的学校氛围感受更为强烈。在学习性投入方面,大一学生学习性投入最高,大四学生学习性投入最低,呈现明显的随年级上升而学习性投入递减的趋势。基本遵循随着学生年级的增长和自由意识的觉醒逐步摆脱应试教育阴影这一逻辑。在学习满意度方面,大二学生学习满意度最高,大四学生学习满意度最低。这可能是因为大二学生已适应大学的学习生活节奏,学业压力相对较小,大四学生正为实习和求职、就业、升学做准备,开始反思大学学习的不足。课程能力要求的均值和学习性投入一样,随年级的上升而逐渐递减。说明课程能力要求越高,学生的学习性投入越强,二者具有紧密的内在联系。学业挑战度的总分同样随年级的上升而递减,其中大一学生的学业挑战度总分最高,均值为188.62,大四学生的学业挑战度总分最低,均值为157.12。在本科人才培养环节,大一学生需系统掌握专业学科体系的理论基础,课程量多,学业任务较重,大四学生的专业课程已基本结束,毕业压力和就业压力在很大程度上消耗了准毕业生的精力与时间,学习性投入相对不足。

表 4-12 年级统计

四大指标	大一 ($N=369$)		大二 ($N=346$)		大三 ($N=234$)		大四 ($N=512$)		F 值	显著性
	平均数	标准差	平均数	标准差	平均数	标准差	平均数	标准差		
学校氛围	7.79	2.488	7.76	1.592	8.08	1.953	10.18	2.843	107.972	0
学习性投入	79.47	11.295	75.01	12.353	73.76	12.52	69.46	11.687	51.856	0
课程能力要求	53.29	14.067	47.37	8.396	46.56	7.881	38.78	14.013	107.428	0
学习满意度	64.38	8.439	70.59	10.127	68.26	9.394	63.95	9.324	43.941	0
学业挑战度总分	188.62	31.321	176.68	23.661	174	22.423	157.12	31.209	92.86	0

4. 平均成绩维度

如表 4-13 所示,从学生在校期间的平均成绩来看,不同成绩的学生群体的学业挑战度也存在较为明显的差异,在学校氛围、学习性投入、学习满意度、课程能力要求以及学业挑战度总分方面具有统计学显著性差异。其中平均成绩在 90 分以上的学生,学校氛围均值最高,学习性投入、学习满意度和课程能力要求最低;平均成绩在 80~90 分之间的学生学习满意度和学习性投入最高,学校氛围与课程能力要求则处于中等水平;平均成绩处于 70~80 分之间的学生的四大指标都处于一般水平;平均成绩在 60 分以下的学生的学习性投入和课程能力要求均值最高,学校氛围均值最低,学习满意度一般。平均成绩在 60 分以下的学生学业挑战度总分最高,达到 194.26,平均成绩在 90 分以上的学生学业挑战度的总分最低,为 151.68。平均成绩在 60~90 分之间的学生学业挑战度总分随着成绩的上升而递增,这种现象同样也出现在学习性投入、课程能力要求以及学习满意度上。说明多数学生的主观感受显示,其成绩越好,学业挑战度越高,平均成绩在 60 分以下或 90 分以上的学生学业挑战度则具有一定的特殊性。因此,学校可以针对不同成绩、不同学习能力的学生群体,制定不同水平的学业挑战度,最大限度发挥学业挑战度在人才培养中的积极作用。

5. 获奖情况维度

如表 4-14 所示,从学生最高的获奖情况来看,未获得过奖励的学生学习性投入、课程能力要求和学业挑战度的总分均值最高;获得过院级奖励的学生在各方面指标的均值相对较低,学校氛围的均值最低;获得过校级奖励的学生学习满意度最高,其他三项指标的均值较为一般;获得过省级奖励的学生的学校氛围、学习性投入、学习满意度以及课程能力要求都处于较高水平;获得过国家级奖励的学生学校氛围均值最高,学习性投入、课程能力要求、学习满意度、学业挑战度的总分均值最低。学生获奖维度和学生成绩等级维度在四项指标及学业挑战度总分上的均值差异具有高度一致性,反映出当下学生学习成绩依然是各类奖项的评比依据,可以适当通过奖项激励学生学习。

表 4-13 平均成绩统计

四大指标	60分以下 (N=273)		60~70分 (N=153)		70~80分 (N=362)		80~90分 (N=336)		90分以上 (N=337)		F值	显著性
	平均数	标准差	平均数	标准差	平均数	标准差	平均数	标准差	平均数	标准差		
学校氛围	7.54	2.65	8.31	1.688	8.12	1.696	7.96	1.79	11.03	2.996	122.754	0
学习性投入	81.62	11.254	71.19	10.457	73.06	12.389	74.18	12.448	69.89	11.756	41.025	0
课程能力要求	55.64	14.536	44.99	8.35	46.48	8.181	47.32	8.443	35.62	15.464	115.573	0
学习满意度	63.22	7.64	66.84	9.39	68.96	9.363	70.42	9.459	61.69	9.303	54.768	0.004
学业挑战度总分	194.26	31.696	168.74	21.309	173.27	22.369	176.2	23.374	151.68	34.688	92.562	0

表 4-14 获奖情况统计

四大指标	未获得 (N=458)		院级 (N=234)		校级 (N=315)		省级 (N=122)		国家级 (N=323)		F值	显著性
	平均数	标准差	平均数	标准差	平均数	标准差	平均数	标准差	平均数	标准差		
学校氛围	7.98	2.439	7.97	1.758	7.85	1.61	8.26	1.808	11.13	2.945	122.934	0
学习性投入	76.9	12.824	73.54	11.45	74.63	12.762	76.71	12.085	68.55	10.820	24.745	0
课程能力要求	52.29	12.863	46.17	8.885	47.08	8.665	46.34	8.504	34.52	14.828	112.245	0
学习满意度	65.9	9.048	68.3	9.189	69.81	9.794	68.42	9.797	61.24	8.759	40.237	0
学业挑战度总分	185.29	30.166	172.85	23.252	175.93	24.307	175.99	22.76	149.05	32.492	82.659	0

6. 户籍所在地维度

户籍所在地是学生早期学习成长的客观环境,是教育资源在地理空间分布差异的集合。从学生户籍所在地来看,如表4-15所示,学业挑战度的四项指标以及总分差异显著。其中,来自直辖市的学生,学习性投入、课程能力要求和学业挑战度总分均值最高;来自农村的学生学习性投入、学习满意度、课程能力要求以及学业挑战度总分的均值最低,学校氛围均值最高;来自省会城市的学生学习满意度最高,其他来自地级城市、县级和镇区的学生在学业挑战度的四项诊断指标和总分上的均值大多处于中间位置。调查数据显示,学生户籍所在地发展越好,学生主观上对学习性投入、课程能力要求和学业挑战度的均值也越高。

7. 学生干部经历维度

从有无担任学生干部经历来看,如表4-16所示,与未担任过学生干部的学生相比,担任过学生干部的学生学习满意度和学校氛围的均值较高,学业挑战度总分均值较低,未担任过学生干部的学生在学习性投入、课程能力要求、学业挑战度总分方面均值更加突出。说明学生干部经历丰富了学生的学习体验,有益于增加学生学习满意度和学校氛围的感受,但同时会对学生的学习性投入、课程能力要求和学业挑战度的整体态度带来负面影响。

8. 就读高中类型维度

从学生曾经就读的高中类型来看,如表4-17所示,在全国重点高中就读的学生在本科学习阶段学习性投入、课程能力要求和学业挑战度总分方面均值最高,学校氛围的均值最低;曾就读于省级重点的学生学习满意度最高;曾就读于其他类型高中的学生学习性投入、学习满意度和课程能力要求以及学业挑战度总分均值最低,学校氛围均值最高;曾就读于地市重点、县级重点和普通高中的学生在学业挑战度的四大指标和总分上的均值处于中间水平。可以看出,高中就读学校越好,学生在学习性投入、课程能力要求和学业挑战度方面的表现越好,学生在高中阶段养成的良好学习行为和习惯对大学学习生活仍有重要影响。

9. 父母学历维度

从表4-18可以看出,父母学历的差异和学生学业挑战度有着复杂联系。父母最高学历为研究生的学生,学习性投入和课程能力要求以及学业挑战度总分的均值最高,学校氛围均值最低;父母最高学历为高中的学生学习满意度最高;父母最高学历为小学及以下的学生学校氛围均值最高,学习性投入、学习满意度、课程能力要求、学业挑战度总分的均值最低;父母最高学历为本科或专科或初中的学生在学业挑战度诊断指标和总分上的均值表现相均衡,差异较小。随着学生父母学历的提高,学习性投入的均值也不断提高,学业挑战度的表现也呈上升趋势,而学校氛围的均值却不断降低。说明在很大程度上父母学历越高,对学生的学习性投入和学业挑战度更为关注,更加强调学生的学习收获和质量。

表 4-15 户籍所在地统计

四大指标	直辖市 (N=332)		省会城市 (N=162)		地级城市 (N=210)		县城 (N=177)		镇区 (N=65)		农村 (N=515)		F 值	显著性
	平均数	标准差	平均数	标准差	平均数	标准差	平均数	标准差	平均数	标准差	平均数	标准差		
学校氛围	7.52	2.53	7.82	1.726	7.92	1.83	8.21	1.757	8.4	1.827	10.17	2.806	67.745	0
学习性投入	81.47	11.974	75.65	11.542	75.28	10.695	74.44	11.768	72.71	10.779	68.12	11.336	56.829	0
课程能力要求	54.75	13.72	46.83	9.35	47.39	8.773	46.06	8.239	46.82	6.715	38.63	13.783	76.526	0
学习满意度	65.06	9.085	70.73	10.652	68.97	9.735	67.54	9.079	66.38	8.822	64.25	9.41	17.021	0
学业挑战度总分	192.7	31.305	177.22	24.37	176.2	22.765	173.53	22.081	173.05	18.689	155.81	30.252	75.105	0

表 4-16 学生干部经历统计

四大指标	未担任过学生干部 (N=587)		担任过学生干部 (N=874)		T 值	显著性
	平均数	标准差	平均数	标准差		
学校氛围	8.27	2.508	8.94	2.653	−4.854	0
学习性投入	76.17	12.178	72.52	12.497	5.524	0
课程能力要求	49.48	13.308	43.2	12.719	9.074	0
学习满意度	65.47	8.528	66.9	10.415	−2.871	0.004
学业挑战度总分	180.1	30.138	167.25	30.315	7.961	0

表 4-17 就读高中类型统计

四大指标	全国重点 (N=287)		省级重点 (N=306)		地市重点 (N=212)		县级重点 (N=175)		普通高中 (N=189)		职业学校 (N=27)		其他 (N=265)		F 值	显著性
	平均数	标准差	平均数	标准差	平均数	标准差	平均数	标准差	平均数	标准差	平均数	标准差	平均数	标准差		
学校氛围	7.45	2.597	7.91	1.762	7.88	1.764	8.25	1.693	8.42	1.595	9.22	2.1	11.9	2.62	133.760	0
学习性投入	82.29	10.617	74.05	12.581	73.76	12.242	72.64	12.467	72.45	12.002	74.11	6.405	67.09	10.193	41.242	0
课程能力要求	55.09	14.562	46.9	9.084	47.21	8.414	46.33	8.75	46.02	7.228	46.37	5.499	32.36	15.161	96.053	0
学习满意度	64.38	8.491	69.5	9.632	69.24	10.037	68.66	8.837	68.24	9.852	64.63	6.772	59.69	7.654	39.536	0
学业挑战度总分	194.24	31.643	174.81	24.805	174.87	22.987	172.86	23.425	172.61	20.767	173.56	12.546	143.49	31.672	84.979	0

表 4-18 父母学历统计

四大指标	研究生 (N=278)		本科 (N=201)		专科 (N=139)		高中 (N=213)		初中 (N=284)		小学及以下 (N=346)		F 值	显著性
	平均数	标准差	平均数	标准差	平均数	标准差	平均数	标准差	平均数	标准差	平均数	标准差		
学校氛围	7.49	2.679	7.88	1.934	8.05	1.799	8.04	1.707	8.33	1.627	10.99	2.901	99.133	0
学习性投入	82.42	10.606	76.34	12.223	75.97	11.459	74.15	10.806	70.91	12.774	67.49	10.641	59.593	0
课程能力要求	55.88	14.381	46.98	9.019	45.91	9.435	47.51	7.624	46.35	7.913	35.15	14.695	104.627	0
学习满意度	64.23	8.314	69.13	10.111	68.98	9.798	69.77	9.266	69.32	9.255	60.73	8.171	48.477	0
学业挑战度总分	195.72	31.32	176.75	24.165	174.82	24.5	175.88	20.375	172.12	22.856	148.31	30.752	101.118	0

10. 父母工作单位维度

如表4-19所示，父母工作单位为国企或事业单位的学生学校氛围均值最低，学习性投入、课程能力要求和学业挑战度总分的均值最高；父母工作单位在普通企业的学生学习满意度最高；父母工作单位为其他类的学生学习氛围均值最高，学习性投入、学习满意度、课程能力要求和学业挑战度总分的均值最低。可以看出，学生父母工作单位越趋向国企或事业单位，学生的学校氛围均值呈下降趋势，而学习性投入、课程能力要求、学业挑战度总分则呈递增趋势。说明父母拥有稳定的工作和社会地位对学生的学习性投入和课程能力要求以及学业挑战度具有积极影响。

表4-19 父母工作单位统计

四大指标	国企或事业单位 ($N=404$)		普通企业 ($N=233$)		个体经营 ($N=234$)		农民 ($N=229$)		其他 ($N=361$)		F值	显著性
	平均数	标准差	平均数	标准差	平均数	标准差	平均数	标准差	平均数	标准差		
学校氛围	7.58	2.477	7.93	1.718	8.07	1.68	8.32	1.665	10.97	2.844	130.068	0
学习性投入	79.85	11.483	75.97	12.125	73.74	11.899	72.02	12.179	67.57	10.96	56.44	0
课程能力要求	53.34	13.508	47.21	7.998	46.94	8.545	45.72	8.64	35.46	14.351	115.353	0
学习满意度	66.42	9.438	70.23	9.973	68.75	9.288	68.04	9.394	61.04	8.015	46.723	0
学业挑战度总分	189.42	30.674	177.31	22.84	174.52	22.626	171.52	23.229	149.41	30.52	106.269	0

11. 家庭经济水平维度

通过学生家庭经济水平的比较，如表4-20所示，发现家庭经济处于富裕水平的学生学校氛围均值最低，学习性投入和课程能力要求以及学业挑战度总分的均值最高。家庭经济处于小康水平的学生学习满意度最高。家庭经济处于困难水平的学生学校氛围均值最高，学习性投入、学习满意度、课程能力要求和学业挑战度总分的均值最低。还可以看出，随着家庭经济水平收入的提高，学生学习性投入、课程能力要求、学业挑战度总分也不断提高，学校氛围的均值则出现明显的递减趋势。统计结果和表4-19父母工作单位的数据差异特点基本保持一致，说明学业挑战度会受到经济因素的影响，家庭经济水平越好，学生越关注学习性投入、课程能力要求和学业挑战度，侧重高质量的学习，对学校氛围的感受则较为忽视。

表 4-20　家庭经济水平统计

四大指标	富裕 (N=283)		小康 (N=244)		中等 (N=391)		温饱 (N=224)		困难 (N=319)		F值	显著性
	平均数	标准差	平均数	标准差	平均数	标准差	平均数	标准差	平均数	标准差		
学校氛围	7.47	2.585	7.84	1.733	8.14	1.773	8.42	1.815	11.19	2.91	136.377	0
学习性投入	82.44	10.65	74.9	10.314	73.36	12.784	72.25	12.833	67.79	10.658	62.701	0
课程能力要求	55.97	14.057	47.05	8.894	46.83	8.271	45.89	8.252	34.15	14.692	144.043	0
学习满意度	64.49	7.989	69.8	9.996	69.43	9.558	67.71	9.37	60.5	8.248	57.802	0
学业挑战度总分	195.34	31.023	176	22.551	174.45	23.454	171.72	22.637	147.32	31.437	124.3	0

(三) 四大指标的具体分析

1. 学校氛围

学校氛围对学生学习具有重要的促进作用。在本书中,学业挑战度的指标之一学校氛围主要是指教育政策这一外部因素。教育政策的制定和实施不仅与每一个有子女接受教育的家庭的利益有关,而且几乎与每一个人的利益有关,所以,教育政策广受关注。从教育政策与制度的普及程度来看,如表4-21所示,55%的学生对《关于狠抓新时代全国高等学校本科教育工作会议精神落实的通知》有一定了解,56%的学生收到过本校关于提升学业挑战度,全面提升人才培养质量的相关宣传。教育政策在地方高校本科生中的宣传普及率处于中等水平,说明教育政策的宣传普及程度还有待进一步提高。从性别对比来看,女生对教育政策的关注度小于男生,说明女生的教育政策意识有待加强。关于取消毕业清考制度对主动学习的激励作用,43.1%的学生认为取消清考制度能够激励他们主动学习,27.2%的学生认为取消清考制度不能激励他们主动学习,29.6%的学生表示不确定。说明还需要进一步发挥教育政策和制度在H大学本科生群体中的激励促进作用。

表 4-21　教育政策和制度统计

问题	选项	男	女	频数	占比(%)
你是否知道《关于狠抓新时代全国高等学校本科教育工作会议精神落实的通知》?	是	401	403	804	55.0
	否	186	471	657	45.0
你是否收到过本校关于提升学业挑战度,全面提升人才培养质量的相关宣传?	是	407	411	818	56.0
	否	180	463	643	44.0
你认为取消毕业清考制度能否有效激励你主动学习?	能	311	319	630	43.1
	不确定	152	281	433	29.6
	不能	124	274	398	27.2

有学者指出大学生挂科问题与高校人才培养质量和学生成才发展息息相关,已成为我国高等教育事业发展中不可忽视的重大问题。"没作过弊的学生不是好学生""不挂科的大学不是完美的大学"等口号已在大学生中普遍流行,严重腐蚀大学生的进取意识,影响其身心健康发展和学习质量。如表4-22所示,34.2%的学生没挂过科,20.5%的学生认为大学生挂科是正常现象,22.7%的学生认为大学生挂科是不认真学习的表现。针对挂科的影响,60.8%的学生认为挂科影响很大,比如影响考研、奖学金、入党等方面,18.1%的学生认为挂科影响不大,21.0%的学生认为挂科没有造成影响。说明挂科的警示作用在H大学本科生群体中还不够明显,学生对挂科影响的认识还不够深刻,学生对学业成绩的重视程度也有待提高,需要引导学生保持认真负责的学习状态。

表4-22 挂科问题统计

问题	选项	男	女	频数	占比(%)
你怎样看待大学生挂科现象?	没挂过科	265	235	500	34.2
	正常现象	113	187	300	20.5
	不认真学习的表现	120	212	332	22.7
	其他	89	240	329	22.5
你觉得挂科影响大吗?	影响很大,影响考研、奖学金、入党等	397	492	889	60.8
	影响不大,补考过了就行	99	166	265	18.1
	没影响	91	216	307	21.0

2. 学习性投入

高质量的学习性投入需要投入大量的学习时间和精力,也是衡量学业挑战度的关键。如图4-1所示,每周投入预习、复习的时间在3小时以上的学生占比为35%;有25.9%的学生每周用于预习、复习的时间为2～3小时;22.5%的学生每周在预习、复习时间投入为1～2小时;16.16%的学生在预习、复习的时间投入不到1小时。说明H大学学生整体的学习时间投入较低,用在预习、复习上的时间较少。

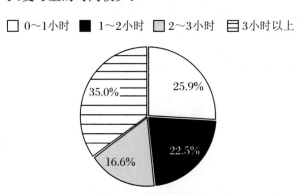

图4-1 学生每周投入预习、复习的时间统计

从学生用于完成课程作业的投入时间统计来看,学生用于完成课程作业的时间也相对

较少。如图4-2所示,36.4%的学生每周用于完成课程作业时间达到3小时以上;23.2%的学生每周用于完成课程作业时间在2～3小时之间;21.3%的学生用于完成课程作业的时间投入为1～2小时;19.1%的学生用于完成课程作业的时间不到1小时。大学生每周用于完成课程作业的时间有限,侧面说明了H大学本科生的学业任务较为轻松。

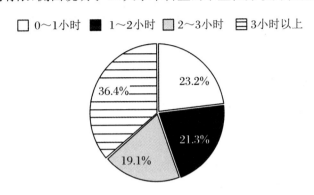

图4-2 学生每周用于完成课程作业的时间统计

学生在课堂中产生的学习行为活动,是学习性投入的主要表现。如表4-23所示,可以看出,学生在课堂上就某一研究主题做有预先准备的报告和质疑老师的观点次数的均值较高,在2.60以上,说明大学生思维活跃,自主意识较强。学生在课堂上有侧重地做笔记以及集中精力听老师的讲解次数的均值较低,不足2.45,说明H大学本科生在课堂上的注意力不够专注,学习状态较为被动,学习性投入的有效性存在问题。

表4-23 课堂中学习行为统计

题项	最小值	最大值	均值	标准差
课堂上主动提问或参与讨论	1	4	2.59	1.108
课堂上积极回答和思考老师没有既定答案的提问	1	4	2.57	1.115
课堂上就某一研究主题做有预先准备的报告	1	4	2.61	1.137
课堂上和同学合作完成老师布置的任务	1	4	2.47	1.100
反思并对自己的学习过程进行自我评价	1	4	2.52	1.102
课堂上质疑老师的观点	1	4	2.69	1.122
课堂上有侧重地做笔记	1	4	2.40	1.128
课堂上集中精力听老师的讲解	1	4	2.41	1.123
做作业或讨论时,能融合不同课程所学的观点或概念	1	4	2.53	1.111
课后和同学讨论作业和实验	1	4	2.48	1.096

课外的学习活动同样也是学生学习性投入的重要组成部分,本书从学生课后的主动及被动学习行为的次数综合考量了学生的学习性投入状态。从学生课外主动学习活动来看,如表4-24所示。学生课后主动去图书馆或自习室学习的次数均值最少,仅为2.43,在课业上帮助其他同学的活动的次数也较少,均值为2.49,说明学生课外的主动学习行为较低。课

后向任课老师讨论分数或作业的次数均值最高,为2.71,而且和任课老师讨论课堂或阅读中的问题的次数均值也相对较高,为2.61。说明H大学本科生的课外学习活动依然离不开教师指导,还需发挥教师课后的主导作用,有效督促学生养成课后自觉学习的习惯。

表4-24 课后主动学习活动统计

题项	最小值	最大值	均值	标准差
去图书馆或自习室学习	1	4	2.43	1.111
去听感兴趣的讲座或报告	1	4	2.56	1.115
和任课老师讨论分数或作业	1	4	2.71	1.125
和任课老师讨论课堂或阅读中的问题	1	4	2.61	1.145
和非本班的同学、朋友讨论学习中的观点和问题	1	4	2.56	1.093
在课业上帮助其他同学	1	4	2.49	1.102

从进行学生课后被动学习活动的目的统计来看,如表4-25所示。均值最高的选项是及时获得任课教师的反馈,为2.60,其次是应对课程的期中考试,为2.54,最后是定期完成课后作业,为2.37。说明多数情况下,H大学本科生的被动学习活动也以完成教师的学习任务要求为主,学生主动学习意识较为薄弱,进一步凸显出教师在人才培养中的地位和作用。

表4-25 课后被动学习活动统计

题项	最小值	最大值	均值	标准差
及时获得任课教师的反馈	1	4	2.60	1.098
应对课程的期中考试	1	4	2.54	1.138
定期完成课后作业	1	4	2.37	1.119

学业任务的数量和要求同样是学业挑战度的主要内容。从学生阅读量的统计来看,如表4-26所示,学生每学年的阅读量相对较低。其中均值最高的选项是阅读指定的教材或参考书,集中在5~10本之间,其次是阅读非指定的书籍,均值为2.93,集中在1~4本之间,学术论文或研究报告的均值最低,集中在0~4篇之间。说明H大学本科生的阅读量偏低,主要阅读教师指定的教材或参考书,学术论文或研究报告的阅读量严重不足。还可以看出,H大学本科生的阅读行为主要以满足教师要求为主,阅读需求单一,表现出一定的功利性倾向,既不利于学生的健康成长,又影响着学生的正常学习。

表4-26 阅读量统计

题项	最小值	最大值	均值	标准差
指定的教材或参考书(本)	1	5	2.98	1.411
学术论文或研究报告(篇)	1	5	2.83	1.481
非指定的书籍(本)	1	5	2.93	1.459

作为一种创造性的劳动,写作是训练思维、展现思维的有效方式,良好的写作能力有助于当代大学生的职业发展。从学生写作量统计来看,如表 4-27 所示,总体均值较低。均值最高的是短篇课程论文,为 2.84,表示学生一年的写作量一般在 3000 字以下,写作数量集中在 1~4 篇,长篇课程论文在 5000 字以上的均值最低,且选项占比集中在 0 篇。说明现阶段,地方高校本科生论文写作量偏低,且字数和数量都处于较低水平,反映出 H 大学本科生写作能力较差。

表 4-27 写作量统计

题项	最小值	最大值	均值	标准差
长篇课程论文/报告(篇)(5000 字以上)	1	5	2.63	1.493
中篇课程论文/报(篇)(3000~5000 字)	1	5	2.76	1.475
短篇课程论文/报告(篇)(3000 字以下)	1	5	2.84	1.459

3. 课程能力要求

课程能力的建设多以教师为主体,教师课程能力是教师在参与课程活动中所具备的心理特征,高校应重点培养教师驾驭教学的课程能力,满足高质量教学的需要。课程能力要求的具体表现为课程在实施过程中,立足于促进学生的未来发展,侧重对学生高阶思维能力的培养。从课程对学生的学习能力要求来看,如表 4-28 所示,关于判断信息、论点或方法的价值均值相对较高,为 2.46;关于运用理论或概念解决实际问题,或将其运用于新的情境以及分析某个观点、经验或理论的基本要素,了解其构成的均值较低,都为 2.41。说明 H 大学本科生的课程能力要求较低,多强调知识的判断、记忆,停留在知识的表面,对知识的迁移、分析、运用有所忽视,缺乏深度学习。

表 4-28 课程能力要求统计

题项	最小值	最大值	均值	标准差
记忆课堂或阅读中的事实、观点或方法	1	4	2.43	1.106
分析某个观点、经验或理论的基本要素,了解其构成	1	4	2.41	1.102
综合不同观点、信息或经验,形成新的或更复杂的解释	1	4	2.42	1.105
判断信息、论点或方法的价值	1	4	2.46	1.110
运用理论或概念解决实际问题,或将其运用于新的情境	1	4	2.41	1.121

无论是夯实学生的学术研究基础,还是强化本科生科研能力,都离不开高校的重视和支持。从大学对学生学习内容的强调来看,如表 4-29 所示,各题项相互间的均值差异较为均衡。均值相对较高的为 2.48,主要集中在学业投入时间和课程期末考试的难度方面,毕业论文质量、实习过程的验收、支持和鼓励学生参与学术科研或实践活动均值则较低,显示出 H 大学对毕业论文质量、实习环节以及学术能力培养等方面不够重视,还反映出造成当前本科生学术科研能力不足的原因之一是学校的重视程度不够。

表 4-29 学校对学习内容强调统计

题项	最小值	最大值	均值	标准差
在学业方面投入大量时间	1	4	2.48	1.072
课程期末考试的难度	1	4	2.48	1.110
毕业论文质量	1	4	2.38	1.118
实习过程的验收	1	4	2.40	1.105
支持和鼓励学生参与学术科研或实践活动	1	4	2.41	1.123

从学生日常完成的课程论文或报告的方式来看,如表 4-30 所示,均值较高的是提出自己的观点或想法并进行论证以及和老师或同学反复讨论,均值为 2.55,均值较低的是广泛搜集和查阅资料,均值为 2.43。此外,深入引证大量相关文献和数据的均值为 2.48。在一定程度上说明 H 大学本科生课程论文或报告整体质量要求偏低,缺乏挑战度。

表 4-30 学生完成课程论文或报告的方式统计

题项	最小值	最大值	均值	标准差
提出自己的观点或想法并进行论证	1	4	2.55	1.087
和老师或同学反复讨论	1	4	2.55	1.131
广泛搜集和查阅资料	1	4	2.43	1.112
深入引证大量相关文献和数据	1	4	2.48	1.111

从考试内容来看,如表 4-31 所示,均值最高的为 2.58,是不划定范围或重点,且只需背诵记忆这一题项。均值最低的为 2.41,是划定的范围或重点,且只需背诵记忆这一题项,说明 H 大学本科生考试内容的难度较小,对知识的理解运用能力的考量较为缺乏,学生在应对考试的方式上仍以背诵记忆为主。知识学习的关键在于对知识的理解和运用,调查结果显示当前 H 大学本科生学习停留在低层次思考层面,未能进行有效的高层次思考,由此看来,高校考试强调的重点影响了大学生的学习质量,制约了大学生的发展。

表 4-31 考试内容统计

题项	最小值	最大值	均值	标准差
划定的范围或重点,且只需背诵记忆	1	4	2.49	1.082
划定的范围或重点,但需理解和运用	1	4	2.41	1.086
不划定范围或重点,且只需背诵记忆	1	4	2.58	1.091
不划定范围或重点,但需理解和运用	1	4	2.50	1.085

4. 学习满意度

学习满意度直观反映了大学生对学习体验的自我评价,主要包括人与人的互相影响,物对人的影响。本书针对 H 大学本科生学习满意度的调查能够对教与学的过程形成评价,并以此作为改进的依据,从而促进教与学之间的互动,有助于提升大学生学习的效率和质量。学习满意度涉及内容相对较广,具体有对课程考试方式的评价、教师反馈、学习动力的鉴定、教师评教和院校评价、自学能力、学校满意度等。从课程考核方式的激励作用来看,如表4-32所示,总体上的均值相对较高,其中,最高的是考试,均值为4.58,最低的是实验报告,均值为4.31。说明多数学生认为考试在很大程度上可以激发他们学习的动力,实验报告的激励作用则相对较小。

表4-32 课程考核方式激励作用统计

题项	最小值	最大值	均值	标准差
考试	1	7	4.58	2.175
论文	1	7	4.39	2.120
实验报告	1	7	4.31	2.154
个人独立完成的课程作业	1	7	4.55	2.132
小组合作完成的课程作业	1	7	4.47	2.123

从本科生对教师反馈作用的认识来看,如表4-33所示。均值最高的题项是通过教师反馈知道为什么获得这样的分数,均值为2.35;其次是通过教师反馈知道如何改进下一步的学习,均值为2.30,低于理论值2.5,说明学生对教师反馈的作用认识不深,没有充分发挥教师反馈的教育引导作用,造成学生缺乏对学习结果的总结和反思。

表4-33 教师反馈统计

题项	最小值	最大值	均值	标准差
通过教师反馈我知道我为什么获得这样的分数	1	4	2.35	1.068
通过教师反馈我知道如何改进下一步的学习	1	4	2.30	1.103

从本科生对学习动力的自我鉴定来看,如表4-34所示,均值较高的题项是国家和社会的使命感,其次是探索事物或知识的兴趣。均值较低的有就业或升学,父母和老师的期望。说明学生的学习动力相对集中在探索事物或知识的兴趣以及国家和社会的使命感方面,而就业或升学以及父母和老师的期望学习动力较弱,与外部压力相比,H大学本科生的学习动力更容易受到自身因素的影响。

表4-34 学习动力鉴定统计

题项	最小值	最大值	均值	标准差
探索事物或知识的兴趣	1	4	2.41	1.070
就业或升学	1	4	2.30	1.109
父母和老师的期望	1	4	2.33	1.101
学校氛围和同学的影响	1	4	2.34	1.101
提升自我	1	4	2.35	1.105
国家和社会的使命感	1	4	2.42	1.094

从考试对学生的学习促进作用来看,如表4-35所示,24%的本科生认为每学年的考试对自身学习具有非常大的促进作用,且以大四学生居多,有227人;其次有22%的学生认为考试对自身学习具有比较大的促进作用,集中在大二学生中,有123人;17.3%的学生则认为考试对自身学习没有促进作用,以大一学生为主,有168人。说明从年级对比来看,大四学生和大一学生在关于考试促进学生学习方面存在较大差异,随着年级的上升,学生愈发认可考试对学习的促进作用。

表4-35 考试对学习促进作用统计

题项	大一	大二	大三	大四	频数	占比(%)
没有促进	168	8	6	71	253	17.3
有一点促进	8	3	10	12	33	2.3
一般促进	19	30	37	26	112	7.7
促进	36	77	44	56	213	14.6
比较促进	45	123	71	83	322	22.0
有很大促进	24	68	49	37	178	12.2
非常促进	69	37	17	227	350	24.0
合计	369	346	234	512	1461	100.0

从学生对院校的总体评价来看,如表4-36所示,均值最高的选项是所在院系给予学生的学业指导质量,均值最低的是所在大学的师生关系,说明学生对院系提供的学业指导直观感受较深,对所在学校的整体师生关系存在不满,但总体而言,学生对院校整体评价低于理论值,在学业指导、教育经历、师生关系方面感受相对一般。

表4-36 院校整体评价统计

题项	最小值	最大值	均值	标准差
你所在的院系给予你的学业指导质量	1	4	2.36	1.061
这所大学给予你的学业指导质量	1	4	2.29	1.096
你在这所大学的教育经历	1	4	2.29	1.095
你在这所大学的师生关系	1	4	2.24	1.084

从学生自学能力的总结来看,如表4-37所示,大一学生的自学能力最强,大四学生的自学能力最弱,大体呈现出随年级的增加而自学能力减弱的现象。在性别上,男生的自学能力强于女生,认为自学能力强或很强的男生合计占比接近70%,认为自学能力强或很强的女生合计占比不足50%。据统计,地方高校本科生自学能力较差,超过四成的学生认为自己的学习能力较弱。

表 4-37 自学能力统计

题项	大一	大二	大三	大四	男	女	频数	占比(%)
很强	173	38	31	94	215	121	336	23.0
强	76	180	114	131	192	309	501	34.3
弱	49	110	71	79	93	216	309	21.1
很弱	71	18	18	208	87	228	315	21.6
合计	369	346	234	512	587	874	1461	100.0

从学生的评教反映来看,如表 4-38 所示,在"对课程要求比较严格的老师打分会比较低"这一问题上,不同年级学生的选项差异较为明显,大一学生对课程要求比较严格的老师打分会比较低,大四学生则较少出现类似情况。从性别差异来看,男生通常会给课程要求严格的老师打低分,女生则有时会打低分。总体看来,多数学生对课程要求较为严格的老师打分较低,选择"经常"和"很经常"的合计占比达到 41.4%,说明 H 大学本科生对任课教师的严要求存在着较为明显的抵触心理。

表 4-38 评教反映统计

题项	大一	大二	大三	大四	男	女	频数	占比(%)
很经常	171	22	19	80	197	95	292	20.0
经常	48	116	76	72	122	190	312	21.4
有时	76	163	94	111	141	303	444	30.4
从不	74	45	45	249	127	286	413	28.3
合计	369	346	234	512	587	874	1461	100.0

从学校满意度来看,如表 4-39 所示,仅从学习角度考虑,超过半数的学生愿意重新选择就读原毕业院校,选择"一定会"与"可能会"的合计占比为 55.3%。学校满意度随年级升高呈递减趋势,大一学生倾向肯定选项,学校满意度较高,大四学生更倾向否定选项,学校满意度较低。从性别角度看,男生对学校满意度高于女生。数据差异说明 H 大学本科生的学校满意度较为一般,还有很大的提升空间。

表 4-39 学校满意度统计

题项	大一	大二	大三	大四	男	女	频数	占比(%)
一定会	177	60	39	102	232	146	378	25.9
可能会	68	156	101	105	168	262	430	29.4
可能不会	47	101	67	84	91	208	299	20.5
肯定不会	77	29	27	221	96	258	354	24.2
合计	369	346	234	512	587	874	1461	100.0

四、文本分析

H大学《普通本科生学分制学籍管理规定》指出,本科教育标准学制为4年,设置3～6年的弹性修业年限。《学士学位授予基本要求》也规定,受留校察看或记过处分、违反考试纪律、大学外语成绩未达学位授予要求的本科毕业生禁止授予学士学位。《学士学位授予细则》进一步强调,本科毕业生应具备较好的学科基础理论专门知识和职业技能,在毕业实习实践环节的成绩更要达到中等及以上才满足授予学士学位的条件。以上政策明确了大学生本科学习阶段的年限以及学位授予的纪律和要求,为本科毕业生培养质量提供了基本的制度保障。而毕业资格和学位授予资格审核作为对学生在校学习经历的全过程检视,关系着每位学生能否顺利毕业,可以直接反映出毕业生结业和申请延迟毕业的客观原因,是高校日常管理工作的重点,在很大程度上体现了学业挑战度的核心内容,具有极高的研究价值。基于难度和区分度的视角来看,高质量的学业挑战度与本科毕业率或课程考试的淘汰率存在着密切联系。因此,本书以地方高校H大学2017—2019届本科毕业生毕业、学位资格审核简况文本为基础,对毕业生结业人数、结业专业、结业原因、申请延迟毕业原因进行系统分析,进一步充实了学业挑战度问卷的调查结果,也为全面考察地方高校本科生学业挑战度提供了客观参照。

(一) 2017届本科毕业生毕业、学位资格审核简况分析

H大学的2017届本科毕业生毕业、学位资格审核简况显示,2017届共有15个学院65个四年制本科专业,总计4934人。其中毕业4912人,结业22人,统计结果如表4-40所示。

表4-40 2017届毕业、结业人数信息统计

学 院	专 业	毕业生数	毕业人数	结业人数	占比(%)
数学科学学院	统计学	99	98	1	1.01
	数学与应用数学(金融数学)	75	73	2	2.67
物理与电子信息学院	物理学(师范)	68	67	1	1.47
	材料物理	56	55	1	1.79
	通信工程	145	144	1	0.68
化学与材料科学学院	化学工程与工艺	145	144	1	0.69
美术学院	环境设计	64	63	1	1.56
体育学院	社会体育	2	0	2	100.0
生命科学学院	生物工程	171	168	3	1.75
	环境科学	84	82	2	2.38
	园艺	72	71	1	1.39

续表

学院	专业	毕业生数	毕业人数	结业人数	占比(%)
音乐学院	音乐表演	55	54	1	1.82
教育学院	应用心理学	93	90	3	3.23
计算机科学与技术学院	计算机科学与技术	110	108	2	1.82

可以发现，体育学院社会体育专业结业人数占比最多，达到100%，这与当年此专业毕业生基数较少，有一定关系。其次，结业占比较高的专业是教育学院的应用心理学专业，结业占比较低的则是物理与电子信息学院的通信工程专业和化学与材料科学学院的化学工程与工艺专业，占比不足1%。从院校来看，物理与电子信息学院和生命科学学院结业专业最多，各有3个专业存在结业问题，从结业人数来看，生命科学学院结业人数最多，有6人，美术和音乐学院以及化学与材料科学学院结业人数最少，各有1人。总体看来，2017届毕业生共有9个学院14个专业22人结业，合计结业率约为0.4%，结业占比总体极低。据统计，在美国四年制高校里，平均只有不到60%的学生能按时毕业。与美国本科低毕业率相比，国内地方高校本科毕业生毕业率高、结业率低，绝大多数学生都能如期毕业，学业挑战度处于较低水平。

从学生结业的具体原因来看，如表4-41所示，其中省计算机水平考试不合格为12人，课程不及格为5人，未交费注册2人，毕业论文不及格1人，还有2人结业的原因兼有省计算机水平考试不合格和课程不及格。可以看出排除人为未交费注册的主观因素外，最终造成学生结业的主要原因有省计算机水平考试不合格、课程考试不及格以及毕业论文不合格三种。

表4-41 2017届毕业生结业原因

专业	人数	结业原因
统计学	1	省计算机水平考试不合格
数学与应用数学(金融数学)	2	省计算机水平考试不合格
物理学(师范)	1	省计算机水平考试不合格
材料物理	1	省计算机水平考试不合格
化学工程与工艺	1	省计算机水平考试不合格
环境科学	2	省计算机水平考试不合格
生物工程	2	省计算机水平考试不合格
应用心理学	1	省计算机水平考试不合格
园艺	1	省计算机水平考试不合格
通信工程	1	4门课程不及格
环境设计	1	1门课程不及格
计算机科学与技术	1	3门课程不及格
社会体育	1	4门课程不及格
音乐表演	1	10门课程不及格

续表

专业	人数	结业原因
生物工程	1	3门课程不及格、省计算机水平考试不合格
应用心理学	1	4门课程不及格、省计算机水平考试不合格
社会体育	1	延迟毕业未交费注册
应用心理学	1	延迟毕业未交费注册
计算机科学与技术	1	毕业论文不合格

H大学2017届本科生申请延迟毕业共有66人。从毕业生仅因为课程不及格原因而申请延迟毕业的统计来看,共涉及27个专业(45人)。具体如图4-3所示,有35人因为1门课程不及格而申请了延迟毕业,占全体结业人数的77.8%;有6人因2门课程不及格而申请延迟毕业,占全体结业人数的13.3%;因4门课程不及格而结业的学生有2人;因3门课程和5门课程不及格而延迟毕业的学生各有1人。

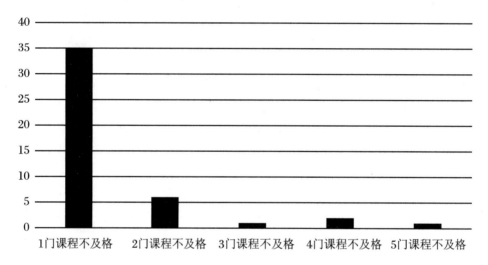

图4-3　因课程不及格申请延迟毕业的毕业生信息统计

此外,从申请延迟毕业的其他原因统计来看,如表4-42所示,有4人因省计算机水平考试不合格而延迟毕业,2人因选修课学分不够申请延迟毕业,1人因全国大学英语四级考试成绩低于300分申请延迟毕业,其他申请延迟毕业的学生则是因为课程不及格、省计算机水平考试不合格或公选课学分不够等。

表4-42　因其他原因申请延迟毕业的2018届毕业生信息统计

专业	人数	原因
应用心理学	1	省计算机水平考试不合格
生物科学	1	省计算机水平考试不合格
数学与应用数学(师范)	1	省计算机水平考试不合格
广告学	1	省计算机水平考试不合格
通信工程	1	选修课学分不够

续表

专业	人数	原因
应用心理学	1	专业选修课学分不够
物理学(师范)	1	全国大学英语四级考试成绩低于300分
视觉传达	1	毕业论文、毕业设计不及格
数学与应用数学(师范)	1	1门课程不及格、省计算机水平考试不合格
通信工程	1	1门课程不及格、省计算机水平考试不合格
化学工程与工艺	1	1门课程不及格、省计算机水平考试不合格
物理学(师范)	1	1门课程不及格、公选课学分不够
物理学(师范)	1	2门课程不及格、省计算机水平考试不合格
生物科学	2	2门课程不及格、省计算机水平考试不合格
化学(师范)	1	2门课程不及格、公选课学分不够
物理学(师范)	1	3门课程不及格、省计算机水平考试不合格
体育教育	1	3门课程不及格、省计算机水平考试不合格
生物工程	1	4门课程不及格、省计算机水平考试不合格
园艺	1	4门课程不及格、公选课学分不够
化学(师范)	1	4门课程不及格、公选课学分不够、省计算机水平考试不合格

对比来看，主要造成H大学2017届毕业生被迫结业与申请延迟毕业的原因多是课程不及格或省计算机水平不合格。一方面，说明课程考试以及省计算机水平考试具有良好的挑战性和区分度，另一方面也反映了部分学生对课程考试及省计算机水平考试的学习性投入不够，地方高校本科生学业挑战度总体水平较低。此外，在申请延迟毕业的原因中出现选修课学分不够现象，进一步反映了H大学存在本科生对课程学习不上心、学习态度散漫、主观能动性差等现象。

(二) 2018届本科毕业生毕业、学位资格审核简况分析

H大学2018届共有65个四年制本科专业，总计5228人，其中毕业5141人，结业87人。统计结果如表4-43所示，共有13个学院31个专业有毕业生结业，从各学院结业人数来看，物理与电子信息学院有5个专业13名学生结业，化学与材料学院有4个专业13名学生结业，体育学院结业人数最多，达到27人，外国语学院和历史与社会学院结业人数最少，各为1人。在结业人数占总人数比例方面，美术学院艺术设计专业占比最高，为100%，随后是数学科学学院数学与应用数学(金融数学)专业，占比为50%，其他占比相对较高的有体育学院社会体育指导与管理专业、体育教育专业，结业占比分别为14.5%和7.02%，占比较低的专业有金融数学、通信工程、材料科学与工程、环境科学专业，占比不足1%。

表 4-43 2018 届结业人数信息统计

学 院	专 业	毕业生总数	毕业人数	结业人数	占比%
文学院	新闻学	77	74	3	3.89
历史与社会学院	旅游管理	72	71	1	1.39
教育学院	应用心理学	82	80	2	2.44
外国语学院	英语(商务)	59	58	1	1.70
美术学院	美术学(师范)	35	34	1	2.86
美术学院	艺术设计	1		1	100.00
美术学院	环境设计	63	62	1	1.59
管理学院	电子商务	80	78	2	2.50
经济学院	市场营销	55	54	1	1.82
经济学院	国际经济与贸易	61	58	3	4.92
数学科学学院	统计学	145	142	3	2.07
数学科学学院	数学与应用数学(金融数学)	2	1	1	50.00
数学科学学院	金融数学	107	106	1	0.93
计算机科学与技术学院	计算机科学与技术	147	145	2	1.36
计算机科学与技术学院	网络工程	94	92	2	2.13
计算机科学与技术学院	信息安全	93	90	3	3.23
计算机科学与技术学院	数字媒体技术	91	90	1	1.09
物理与电子信息学院	物理学(师范)	63	59	4	6.35
物理与电子信息学院	通信工程	203	201	2	0.99
物理与电子信息学院	电子信息工程	138	133	5	3.62
物理与电子信息学院	材料物理	46	45	1	2.17
化学与材料学院	材料科学与工程	113	112	1	0.88
化学与材料学院	化学(师范)	80	78	2	2.50
化学与材料学院	应用化学	153	148	5	3.27
化学与材料学院	材料化学	105	103	2	1.90
化学与材料学院	化学工程与工艺	149	145	4	2.68
生命科学学院	生物科学(师范)	98	96	2	2.04
生命科学学院	生物工程	145	143	2	1.38
生命科学学院	环境科学	107	106	1	0.93
体育学院	体育教育	114	106	8	7.02
体育学院	社会体育指导与管理	131	112	19	14.50

在表 4-44 中可以看出,从 H 大学共有 59 人因为课程不及格原因而结业。在因为课程不及格而结业的学生当中,因 1 门课程不及格而结业的有 47 人,因 2 门课程不及格而结业的有 8 人,因 3 门课程不及格而结业的有 3 人,因 4 门课程不及格而结业的有 1 人。其中社

会体育指导与管理专业人数最多,有 17 人因 1 门课程不及格而结业。

表 4-44　因课程不及格原因而结业的 2018 届毕业生信息统计

专业	人数	结业原因
新闻学	1	2 门课程不及格
旅游管理	1	1 门课程不及格
英语(商务)	1	1 门课程不及格
环境设计 1 班	1	1 门课程不及格
美术学(师范)	1	1 门课程不及格
艺术设计	1	2 门课程不及格
电子商务	1	1 门课程不及格
电子商务	1	3 门课程不及格
国际经济与贸易	3	1 门课程不及格
市场营销	1	1 门课程不及格
数学与应用数学(金融数学)	1	4 门课程不及格
统计学	1	1 门课程不及格
计算机科学与技术	1	1 门课程不及格
信息安全	1	1 门课程不及格
电子信息工程	2	2 门课程不及格
电子信息工程	3	1 门课程不及格
通信工程	2	1 门课程不及格
物理学(师范)	1	1 门课程不及格
化学(师范)	1	1 门课程不及格
应用化学	2	1 门课程不及格
化学工程与工艺	2	1 门课程不及格
生物工程	2	1 门课程不及格
环境科学	1	1 门课程不及格
体育教育	3	2 门课程不及格
体育教育	4	1 门课程不及格
体育教育	1	3 门课程不及格
社会体育指导与管理	1	3 门课程不及格
社会体育指导与管理	17	1 门课程不及格
社会体育指导与管理	1	2 门课程不及格

如表 4-45 所示,从毕业生结业的其他原因来看,只因省计算机水平考试不合格而结业的共有 25 人,因省计算机水平考试不合格和课程不及格这两个原因导致结业的有 2 人,另有 1 人因未完成毕业论文而结业。综合来看,造成 2018 届本科生结业的主要原因仍以课程不及格和省计算机水平考试不合格为主。

表 4-45 因其他原因结业的 2018 届毕业生信息统计

专业	人数	结业原因
新闻学	1	省计算机水平考试不合格
新闻学	1	未完成毕业论文
应用心理学	2	省计算机水平考试不合格
统计学	1	省计算机水平考试不合格
统计学	1	省计算机水平考试不合格，2 门课程不及格
金融数学	1	省计算机水平考试不合格
计算机科学与技术	1	省计算机水平考试不合格
数字媒体技术	1	省计算机水平考试不合格
网络工程	2	省计算机水平考试不合格
信息安全	2	省计算机水平考试不合格
物理学(师范)	1	2 门课程不及格、省计算机水平考试不合格
物理学(师范)	2	省计算机水平考试不合格
材料科学与工程	1	省计算机水平考试不合格
材料物理	1	省计算机水平考试不合格
化学(师范)	1	省计算机水平考试不合格
应用化学	3	省计算机水平考试不合格
材料化学	2	省计算机水平考试不合格
化学工程与工艺	2	省计算机水平考试不合格
生物科学	2	省计算机水平考试不合格

如表 4-46 所示，从学生申请延迟毕业的原因来看，2018 届毕业生中申请延迟毕业的共有 41 人，因课程不及格原因而申请延迟毕业的共有 15 个专业 24 人。其中音乐学和翻译专业申请修业年限的人数较多，各有 3 人。此外，因 1 门课程不及格而申请延迟毕业的有 9 人，因 2 门课程不及格而申请延迟毕业的有 4 人，因 3 门课程不及格而申请延迟毕业的有 5 人，因 4 门课程不及格而申请延迟毕业的有 4 人，因 5 门课程不及格而申请延迟毕业的有 1 人。

表 4-46 因课程不及格而申请延迟毕业的 2018 届毕业生信息统计

专业	人数	延迟毕业
应用心理学	1	3 门课程不及格
翻译	1	1 门课程不及格
翻译	1	2 门课程不及格
翻译	1	4 门课程不及格
音乐学	1	2 门课程不及格
音乐学	1	4 门课程不及格

续表

专业	人数	延迟毕业
音乐学	1	11门课程不及格
音乐表演	1	1门课程不及格
经济学	1	5门课程不及格
会计学	1	1门课程不及格
市场营销	1	3门课程不及格
数学与应用数学(师范)	2	1门课程不及格
统计学	2	1门课程不及格
金融数学	1	1门课程不及格
通信工程	1	2门课程不及格
电子信息工程	1	4门课程不及格
化学工程与工艺	1	3门课程不及格
化学工程与工艺	1	4门课程不及格
生物科学	1	3门课程不及格
生物科学	1	1门课程不及格
生物工程	1	2门课程不及格
社会体育指导与管理	1	3门课程不及格

如表4-47所示,在申请延迟毕业的其他原因统计中可以发现,因省计算机水平考试不合格而申请延迟毕业的占比较大,其次是课程考试不及格,然后是毕业论文不及格,接着是全国大学英语四级考试成绩低于300分,最后是专业实习不合格。说明造成2018届毕业生申请延迟毕业的主要原因也是课程考试不及格以及省计算机水平考试不合格。

表4-47 因其他原因申请延迟毕业的2018届毕业生信息统计

专业	人数	申请延迟毕业的综合原因
汉语言文学师范	1	毕业论文不合格
应用心理学	1	3门课程不及格、省计算机水平考试不合格
应用心理学	1	全国大学英语四级考试成绩低于300分、4门课程不及格、省计算机水平考试不合格
音乐学	1	2门课程不及格、省计算机水平考试不合格
音乐学	1	省计算机水平考试不合格
数学与应用数学	1	1门课程不及格、毕业论文不合格
统计学	1	2门课程不及格、毕业论文不合格
物理学(师范)	1	3门课程不及格、省计算机水平考试不合格
材料化学	1	专业实习不合格

续表

专业	人数	申请延迟毕业的综合原因
材料化学	1	2门课程不及格、省计算机水平考试不合格、全国大学英语四级考试成绩低于300分、专业实习不合格
材料化学	1	省计算机水平考试不合格
化学工程与工艺	1	3门课程不及格、省计算机水平考试不合格
化学工程与工艺	1	1门课程不及格、毕业论文不合格、省计算机水平考试不合格
环境科学	2	省计算机水平考试不合格
生物工程	1	省计算机水平考试不合格
环境科学	1	全国大学英语四级考试成绩低于300分、毕业论文不合格

通过对比2018届毕业生结业和申请延迟毕业原因的统计来看，导致学生未能按时毕业的主要因素是课程考试不及格与省计算机水平考试不合格，与2017届毕业生相比，在结业和申请延迟毕业的原因中，未出现未缴费注册或选修课学分不够等现象，毕业论文不合格的人数则有所增加，此外还出现专业实习不合格现象，说明学校对本科生毕业论文质量以及专业实习过程的验收趋向严格，侧面说明，本科生的学业挑战度也有所提高。

（三）2019届本科毕业生毕业、学位资格审核简况分析

H大学2019届共有68个四年制本科专业，总计5387人，其中毕业5296人，结业91人，具体如表4-48所示，共有14个学院36个专业有毕业生结业。从各学院结业人数来看，计算机科学与技术学院以及物理与电子信息学院各有5个专业有毕业生结业，并列第一；其次是生命科学学院与化学与材料科学学院各有4个专业有毕业生结业；而文学院、政法学院、历史与社会学院、管理学院有毕业生结业的专业最少，各有1个专业有毕业生结业。从各专业结业的学生占毕业生总人数的比例来看，占比最高的是社会体育指导与管理专业，占比为8.66%；其次是材料科学与工程专业，占比为7.81%；再次是舞蹈学专业，占比为6.67%；占比较低的则有应用化学、新闻学、法学专业，占比不足1%。

表4-48 2019届毕业、结业信息统计

学院	专业	毕业生数	毕业人数	结业人数	占比（%）
文学院	新闻学	105	104	1	0.95
政法学院	法学	176	175	1	0.57
历史与社会学院	历史学（师范）	79	78	1	1.27
教育学院	公共事业管理（师范）	76	75	1	1.32
教育学院	应用心理学	79	76	3	3.80
外国语学院	翻译	63	61	2	3.17
外国语学院	英语（商务方向）	64	63	1	1.56

续表

学院	专业	毕业生数	毕业人数	结业人数	占比(%)
音乐学院	音乐学(师范)	93	90	3	3.23
	音乐表演	57	50	7	12.28
	舞蹈学	30	28	2	6.67
管理学院	电子商务	73	71	2	2.74
经济学院	经济学	67	66	1	1.49
	市场营销	56	54	2	3.57
	会计学	84	83	1	1.19
数学科学学院	统计学	157	153	4	2.55
	金融数学	90	89	1	1.11
计算机科学与技术学院	计算机科学与技术(师范)	73	71	2	2.74
	计算机科学与技术	157	152	5	3.18
	网络工程	99	98	1	1.01
	信息管理与信息系统	58	57	1	1.72
	数字媒体技术	84	82	2	2.38
物理与电子信息学院	物理学(师范)	58	57	1	1.72
	光电信息科学与工程	75	73	2	2.67
	通信工程	176	172	4	2.27
	电子信息工程	91	88	3	3.30
化学与材料科学学院	材料科学与工程	64	59	5	7.81
	化学(师范)	86	85	1	1.16
	应用化学	105	104	1	0.95
	材料化学	122	117	5	4.10
	化学工程与工艺	108	106	2	1.85
生命科学学院	生物科学(师范)	77	76	1	1.30
	生物工程	128	123	5	3.91
	环境科学	78	77	1	1.28
	园艺	80	79	1	1.25
体育学院	体育教育	94	90	4	4.26
	社会体育指导与管理	127	116	11	8.66

如表4-49所示,从H大学2019届因课程不及格而结业的毕业生信息统计来看,共有26个专业70名学生因课程不及格结业。其中因1门课程不及格而结业的有61人,因2门课程不及格而结业的有6人,因3门课程不及格而结业的有2人,因4门课程不及格而结业的有1人。从专业来看,社会体育指导与管理专业因课程不及格而结业的人数最多,有9人因1门课程不及格而结业,有2人因2门课程不及格而结业;音乐表演专业共有7人因课程不

及格而结业,甚至有1人因4门课程不及格而结业;计算机科学与技术专业有5人因课程不及格而结业;通信工程、材料化学、体育教育专业分别有4人因1门课程不及格而结业;而会计学、金融数学、网络工程、信息管理与信息系统、化学(师范)、园艺专业也有1人因1门课程不及格而结业。

表4-49 因课程不及格而结业的2019届毕业生信息统计

专业	人数	结业原因
公共事业管理	1	2门课程不及格
翻译	2	1门课程不及格
音乐学	3	1门课程不及格
音乐表演	4	1门课程不及格
音乐表演	2	2门课程不及格
音乐表演	1	4门课程不及格
舞蹈学	2	1门课程不及格
电子商务	2	1门课程不及格
会计学	1	1门课程不及格
经济学	1	2门课程不及格
市场营销	2	1门课程不及格
统计学	2	1门课程不及格
金融数学	1	1门课程不及格
计算机科学与技术	3	1门课程不及格
计算机科学与技术	2	3门课程不及格
计算机科学与技术(师范)	2	1门课程不及格
数字媒体技术	2	1门课程不及格
网络工程	1	1门课程不及格
信息管理与信息系统	1	1门课程不及格
通信工程	4	1门课程不及格
材料科学与工程	3	1门课程不及格
光电信息科学与工程	2	1门课程不及格
电子信息工程	3	1门课程不及格
化学(师范)	1	1门课程不及格
材料化学	4	1门课程不及格
生物工程	2	2门课程不及格
园艺	1	1门课程不及格
体育教育	4	1门课程不及格
社会体育指导与管理	9	1门课程不及格
社会体育指导与管理	2	2门课程不及格

如表4-50所示,除去因为课程不及格而导致毕业生结业外,H大学2019届毕业生还有21人因省计算机水平考试不合格、课程不及格、毕业论文未通过、全国大学英语四级考试成绩低于300分等其他原因结业。其中有10人因省计算机水平考试不合格而结业,几乎占据了因其他原因而结业的毕业生人数的一半;另有4人因省计算机水平考试和课程不及格两个原因而结业;还有2人因课程不及格和毕业论文不合格而结业;此外,有2人因全国大学英语四级考试成绩低于300分、省计算机水平考试不合格而结业;最后,因4门课程不及格、全国大学英语四级考试成绩低于300分而结业的有1人,因专业实习不合格、2门课程不及格而结业的有1人,1人因毕业论文不合格而结业。

表4-50 因其他原因结业的2019届毕业生信息统计

专业	人数	结业原因
新闻学	1	1门课程不及格、毕业论文不合格
法学	1	毕业论文不合格
历史学(师范)	1	4门课程不及格、全国大学英语四级考试成绩低于300分
应用心理学	3	省计算机水平考试不合格
英语(商务)	1	省计算机水平考试不合格
统计学	2	省计算机水平考试不合格
材料科学与工程	1	省计算机水平考试不合格
材料科学与工程	1	省计算机水平考试不合格、2门课程不及格
物理学(师范)	1	1门课程不及格、省计算机水平考试不合格
应用化学	1	1门课程不及格、毕业论文不合格
材料化学	1	全国大学英语四级考试成绩低于300分、省计算机水平考试不合格
化学工程与工艺	1	2门课程不及格、省计算机水平考试不合格
化学工程与工艺	1	全国大学英语四级考试成绩低于300分、省计算机水平考试不合格
生物科学	1	专业实习不合格、2门课程不及格
生物工程	1	省计算机水平考试不合格、1门课不及格
生物工程	2	省计算机水平考试不合格
环境科学	1	省计算机水平考试不合格

如表4-51所示,通过对2019届本科毕业生申请延迟毕业的信息统计发现,共有25个专业58人申请延迟毕业。因为课程不及格申请延迟毕业的有44人,其中,1门课程不及格有21人,2门课程不及格有8人,3门课程不及格有9人,4门课程和5门课程不及格各有2人,7门课程和8门课程不及格各有1人。

表 4-51 因课程不及格申请延迟毕业的 2019 届毕业生信息统计

专业	人数	延迟毕业原因
汉语国际教育(师范)	1	2门课程不及格
汉语国际教育(师范)	1	1门课程不及格
汉语言文学(师范)	1	1门课程不及格
网络与新媒体	1	5门课程不及格
网络与新媒体	1	2门课程不及格
广告学	1	5门课程不及格
思想政治教育	2	1门课程不及格
酒店管理	1	1门课程不及格
服装与服饰设计	1	1门课程不及格
音乐学	1	8门课程不及格
音乐学	3	3门课程不及格
物流管理	1	2门课程不及格
物流管理	2	1门课程不及格
经济学	1	3门课程不及格
通信工程	1	3门课程不及格
通信工程	2	1门课程不及格
通信工程	1	2门课程不及格
电子信息工程	1	3门课程不及格
电子信息工程	2	2门课程不及格
电子信息工程	2	1门课程不及格
通信工程	1	1门课程不及格
应用化学	1	3门课程不及格
应用化学	4	1门课程不及格
材料化学	2	2门课程不及格
生物工程	1	4门课程不及格
生物工程	1	3门课程不及格
园艺	1	1门课程不及格
生物科学	2	1门课程不及格
体育教育	1	7门课程不及格
体育教育	1	4门课程不及格
体育教育	1	1门课程不及格
社会体育指导与管理	1	3门课程不及格

如表 4-52 所示,从 H 大学 2019 届毕业生申请延迟毕业的其他原因统计来看,共有 10 个专业 14 人因其他原因延迟毕业,其中有 5 人因课程不及格和省计算机水平考试不合格而

申请延迟毕业,因毕业论文未通过而申请延迟毕业的比重有所提高。从专业来看,化学工程与工艺专业因其他原因申请延迟毕业的人数较多,有3人;其次是应用化学与化学(师范)专业,各有2人;应用心理学、音乐学、统计学、材料化学等专业延迟毕业人数较少,各有1人。此外,从表中还可以看出,仅因某一原因而申请延迟毕业的共有3人,具体原因有毕业论文不合格、全国大学英语四级考试成绩低于300分、省计算机水平考试不合格。

表4-52 因其他原因申请延迟毕业的2019届毕业生信息统计

专业	人数	延迟毕业原因
汉语言文学(师范)	1	1门课程不及格、毕业论文不合格
汉语言文学(文秘)	1	公选课学分不够、毕业论文不合格
汉语国际教育(师范)	1	毕业论文不合格
应用心理学	1	3门课程不及格、省计算机水平考试不合格
音乐学	1	1门课程不及格、省计算机水平考试不合格、毕业论文不合格
统计学	1	1门课程不及格、公选课学分不够
化学(师范)	1	3门课程不及格、省计算机水平考试不合格
化学(师范)	1	2门课程不及格、省计算机水平考试不合格
应用化学	1	2门课程不及格、全国大学英语四级考试成绩低于300分
应用化学	1	省计算机水平考试不合格
材料化学	1	3门课程不及格、省计算机水平考试不合格
化学工程与工艺	1	1门课程不及格、省计算机水平考试不合格
化学工程与工艺	1	全国大学英语四级考试成绩低于300分
化学工程与工艺	1	毕业论文不合格、省计算机水平考试不合格

总体看来,造成H大学本科生未能如期毕业的原因主要有课程考试不及格、省计算机水平考试不合格、全国大学英语四级考试成绩低于300分、毕业论文不合格、专业实习不合格等,说明以上内容对本科期间的学习而言,具有一定的挑战性。而且近三年毕业生结业和申请延迟毕业的人数逐年增加,未能如期毕业的学生人数呈上升趋势,说明本科生毕业要求愈发趋向严格,"玩命的中学、快乐的大学""考试及格万岁"等现象正在改变。

(四) 综合分析

提升大学生学业挑战度与把好本科生毕业关相辅相成。从H大学2017—2019届本科毕业生人数统计来看,如图4-4所示,可以发现,一方面历年毕业率远超95%,在籍学生、毕业生总人数和毕业人数都在逐年增加;另一方面毕业人数一直略低于毕业生总人数,但二者的差距有扩大趋势,结业人数逐年升高。在一定程度上说明当前H大学本科生毕业率总体较高,毕业把关不严,同时也反映了地方高校本科生学业挑战度处于较低水平的现状,揭示了学业挑战度和本科生毕业率存在负相关关系,学业挑战度和本科生结业率存在正相关关系。

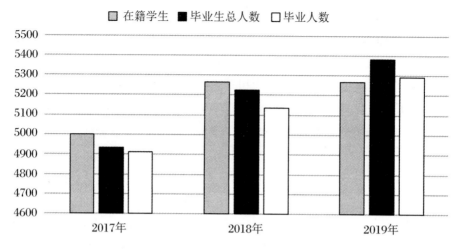

图 4-4　2017—2019 届毕业生人数统计

从结业和申请延迟毕业的人数统计来看,具体如图 4-5 所示,H 大学 2017—2019 届毕业生结业人数不断增加,申请延迟毕业人数先降后增,总体上有所减少,而且 2017 年申请延迟毕业人数远高于当年结业人数,2018 年申请延迟毕业人数最少,但与 2017 年相比结业人数却翻了近 4 倍,2018、2019 年申请延迟毕业人数均低于当年结业人数。结合 2018 年教育部发布《关于狠抓新时代全国高等学校本科教育工作会议精神落实的通知》来看,H 大学毕业生结业人数的增加说明当年的政策起到了一定的激励引导作用,毕业要求有所提升,本科生学习不再轻松,需要在学习上投入大量的时间和精力,才能达到毕业条件。

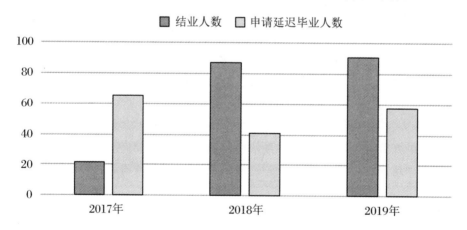

图 4-5　2017—2019 届结业和延迟毕业人数统计

H 大学将《本科生学士学位授予标准》中的计算机应用能力直接和省计算机水平考试挂钩,英语能力则设置为全国大学英语四级考试成绩在 300 分以上。以上两种考试测量标准化程度高,专业性强,适应了不同地区、不同专业以及不同个体的需求差异,能够有效检验学生计算机和英语的基础知识和初步应用能力,具有较高的含金量和社会认可度,有助于促进学生全面综合发展,满足了学生检验自我和发展自我的需要。从 2017—2019 届本科毕业生省计算机水平考试不合格和全国大学英语四级考试成绩低于 300 分的统计信息来看,如图 4-6 所示,省计算机水平考试不合格人数远高于全国大学英语四级考试成绩低于 300 分的人数,而且,历年来全国大学英语四级考试成绩低于300分的人数增长态势较为明显。作为造成本科生结业和申请延迟毕业的主要原因,省计算机水平考试与全国大学英语四级考试具备良好的区分度,对学生的知识与技能具有良好的检验和提升作用,于学生而言也具有较高的学业挑战度。因此,地方高校本科生学业挑战度的提升可以以此为参照。

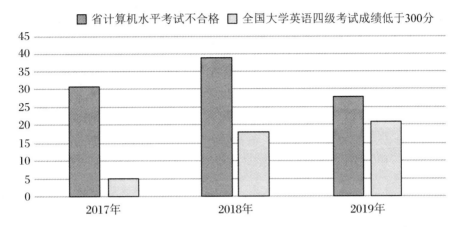

图 4-6 2017—2019 届省计算机水平考试不合格和全国大学英语四级考试成绩低于 300 分人数统计

此外,结合 2017—2019 届本科毕业生结业和申请延迟毕业的原因来看,具体如表4-53所示,毕业生未能如期毕业的原因有课程考试不及格、省计算机水平考试不合格、毕业论文不合格、全国大学英语四级考试成绩低于 300 分、专业实习不合格、公选课学分不够、选修课学分不够、延迟毕业未交费注册、毕业创作不及格等 9 种。可以看出,2017—2019 届毕业生未能如期毕业的原因集中在课程考试不及格、省计算机水平考试不合格、毕业论文不合格和全国大学英语四级考试成绩低于 300 分这四个方面,每年都有学生因以上原因结业或申请延迟毕业。还可以明显看出,课程考试不及格和毕业论文不合格以及全国大学英语四级考试成绩低于 300 分的学生逐年增加,而公选课学分不够、选修课学分不够、延迟毕业未交费注册、毕业创作不及格的学生人数有所减少。说明从 2017 年到 2019 年 H 大学的课程考试难度逐年增加,对毕业论文的重视程度也有所提高。

表 4-53 2017—2019 届毕业生未能如期毕业的原因统计

未能如期毕业的原因	2017届(人)	2018届(人)	2019届(人)
课程考试不及格	65	94	131
省计算机水平考试不合格	28	39	24
毕业论文不合格	2	6	8
全国大学英语四级考试成绩低于 300 分	1	3	5
专业实习不合格	0	2	1
公选课学分不够	4	0	2
选修课学分不够	2	0	0
延迟毕业未交费注册	2	0	0
毕业创作不及格	1	0	0

第五章　地方高校本科生学业挑战度存在的问题及原因

从第四章的调查发现,当前地方高校本科生毕业率高、结业率低、学业负担过于轻松,学业挑战度处于较低水平,在课程能力要求、学习性投入和学习满意度方面存在不足。本章将结合学业挑战度的相关理论和数据分析结果着重探讨地方高校本科生学业挑战度存在的问题和产生的原因。

一、地方高校本科生学业挑战度存在的问题

(一)学业负担较轻

给本科生合理"增负"的关键是合理增加学生学业任务,"增负"的实质在于激发学生内在的学习动力,确保人才培养质量的提高,而不是盲目增加学生学业负担。因此,给高校本科生"增负"的力度既要合适,"增负"的质量也要合理。研究表明,阅读对本科生知识获取与创新能力、心理品质、组织表达能力、认知思维能力和价值观的发展具有重要的促进作用。调查数据显示,大多数地方高校本科生每学年阅读指定的教材或参考书为5~10本,依照一学年40周的学业任务标准来看,学生每周的阅读量不足一本。多数学生每学年阅读的学术论文、研究报告不足5篇,阅读非指定的书籍也不到5本。说明地方高校本科生阅读量、写作量偏低,学业负担较轻。有报道指出,美国大学对本科生阅读量的要求很高,本科生平均每周阅读量为500~800页,基本保持每周两到三本著作的阅读频率,与其相比,国内高校本科生的阅读量存在很大差距。本科生科研创新能力的培养和提升离不开日常论文写作课程学习的积累和训练。在考察地方高校本科生写作量的统计中发现,多数学生每学年的写作量集中在3000字以下的短篇课程论文,数量不到4篇,说明地方高校本科生学术写作训练较为薄弱,学术能力的培养受到忽视。地方高校本科生缺乏大量的阅读和写作训练,既不利于学生阅读能力和写作能力的培养,又严重影响人才培养质量。我国高等教育已进入普及化阶段,处于从高等教育大国向高等教育强国迈进的关键期,需要提高对学生的要求,让学生更加优秀。只有不断增加本科生的学业负担,加大本科生的学习深度和学业挑战度,强化本科生对学业负担的感知,才能使本科生具备适应社会的能力与素质,满足经济社会发展对高阶人才的需求。

（二）课程"水分"过多

大学课程是高等教育领域的最基本元素，大学人才培养的职能主要通过课程教学来实现，因此，大学课程质量直接影响着"立德树人"根本任务的实现。地方高校本科生课程"水分"过多，缺乏含金量，课堂教学质量堪忧，大学"水课"的普遍存在已受到广泛批评。根据问卷的数据分析和对比，仅有33.4%的本科生有时在课堂上主动提问或参与讨论，占比较低，说明学生较为缺乏探索精神，课堂参与度不高。有53.8%的本科生有时或从未在课堂上积极回答、思考老师没有既定答案的提问，说明在课程学习中多数学生的积极性不高，缺少开放式思维。有56.9%的本科生表示自己有时或从未在课堂上就某一研究主题做有预先准备的报告，说明当前课程内容相对简单，对学生要求不高，多数情况下不需要学生事先进行课前准备。有49.8%的本科生表示自己会在课堂上和同学合作完成老师布置的任务，说明地方高校本科生在学习上的合作程度还不够突出。有29.4%的学生表示自己从未在课堂上质疑老师的观点，说明少数学生发现问题的能力相对薄弱。有23%的学生明确表示自己从未在课堂上有侧重地做笔记，说明在传统的大学课堂教学模式下，部分学生未养成良好的学习习惯。有22.2%的学生认为自己在课堂上难以集中注意力，说明部分学生对课程学习缺乏兴趣，深度学习不够。以上数据还反映出，教师在课程教学中仍以自我为中心，没有有效启发学生思考，缺乏必要的师生互动，难以培养学生独立发现问题的意识和能力。一方面，大量的"水课"形成了宽松的学习氛围，且课程内容缺乏难度和深度，学生缺少必要的课前准备；另一方面，教师授课过程枯燥，缺乏趣味，无法充分调动学生的学习积极性，最终影响了教师的教学质量和学生的学习效果。

（三）学习性投入不足

人类学习活动的本质是一种感悟生命价值和意义，并不断发现自我、认识自我，使自己趋向"完成"的过程。大学教育是一种基于学生生命成长的教育，其主要任务就是帮助学生学习和成长。大学阶段的学习不仅是大学生生命历程中的重要经历，也是迈向社会探索未来的旅程。学生在这个学习的过程中，掌握了进入社会所必备的知识和技能，完成了世界观、人生观、价值观和性格品行的塑造。高质量的学习活动需要投入大量时间，往往学生花在功课上的时间越多，学习成效也越好。据调查，地方高校本科生在预习、复习投入时间较少，缺乏学习主动性，学习性投入不高。有65%的学生每周投入预习、复习的时间不足3小时，说明多数学生的学习缺乏深度。有63.3%的学生每周用来完成作业的时间不足3小时，在课程作业任务上的投入时间少，说明地方高校本科生的学业任务缺乏难度。有21.87%的学生明确表示本学年从未定期完成课后作业，说明学生完成课后作业的意愿不强，学习过于自由。有22%的学生表示从未去过图书馆、自习室自习，有25.2%的学生表示从未去听感兴趣的讲座或报告，学生在图书馆、自习室的自习时间分配低，说明学生缺乏学习动力和目标，学习兴趣匮乏，没有形成主动学习的意识。总体来看，地方高校本科生课程学习缺乏挑战性，学生学习动力不强，学习兴趣不高，学习努力程度不够，学习参与程度较低，学习性投入不足，过于轻松的学习现状难以提高学生的学习收获和学习满意度，不利于学生的全面发展和健康成长。

（四）毕业要求不严

毕业要求是对本科生大学四年学习经历系统性、全方位的合理评价，能够综合反映本科生的知识、素质和能力，是衡量学位授予和人才培养目标达成的主要依据。我国地方高校本科生毕业率较高，2017届本科毕业生毕业率为99.55%，2018届毕业率为98.34%，2019届毕业率为98.31%，连续三年本科生毕业率均保持在98%以上，虽然学生努力程度不够，但是绝大多数学生却能够轻松毕业，反映出地方高校本科生的毕业要求不高。每年都有少数学生因省计算机水平考试不合格、课程考试不及格、毕业论文不合格以及全国大学英语四级考试成绩低于300分等原因申请延迟毕业或结业，以上考试难度相对较小，通过率高，进一步表明地方高校本科生的学习性投入和努力程度相对薄弱，还需深化课程教学改革，提高毕业要求，推进高等教育内涵式发展。作为高等教育教学中的重要教学环节，考试不仅具有教育评价作用，能够检测教师的教学效果和学生的学习效果，还具有强烈的教育导向作用，有益于激励学生学习和巩固专业知识。调查显示，27.9%的学生认为考试在很大程度上能够有效激发自己更好地学习，23.9%的学生认为考试对自己学习具有较大的促进作用。对这两个问题持肯定意见的学生占比较低，说明多数学生对考试制度认识模糊，没有认识到考试评价制度的科学作用，关于考试的价值和意义还需引起学生的重视。27.3%的学生表示从未参加过相关课程的期中考试，说明期中考试在大学受到了忽视。而学生在校期间缺乏阶段性测试，难以充分检视自身的学习水平，也不利于教师及时了解学生学习情况。从本科学习阶段重要的考核过程来看，在期末课程考试方面，23.8%的学生认为学校不强调课程考试难度；在毕业论文方面，22.1%的学生认为学校不强调毕业论文的质量；在实习考核方面，21.8%的学生认为学校不强调实习过程的验收。说明对学生而言，地方高校课程考试难度较小，学校对学生毕业论文质量和实习质量要求不高，学生学习难度低，缺乏学业挑战度，在人才培养结果的审核上把关不严。

（五）评价制度缺陷

高校评价制度的内涵丰富、外延广泛，这里主要包括学生学习反馈和教师教学评价制度两大方面。地方高校现行的评价制度存在较多缺陷。调查发现，学生的学习成绩几乎是各类奖项评比的主要参照依据，学生成绩越好，获奖概率越高。数据显示，有27.1%的学生认为取消毕业清考制度对其学习主动性并没有激励作用，还有20.8%的学生将挂科视为大学学习阶段的正常现象，认为挂科影响不大。说明评价制度在学习上的警示作用有待进一步加强，部分学生对毕业清考制度和挂科制度认识不清，学习主动性差，存在侥幸心理。在课堂学习表现方面，有27%的学生表示自己从未得到任课老师及时的口头或书面反馈，在整体学习结果方面，有25.6%的学生认为自己从未及时获得任课教师的评价反馈。说明教师缺少对学生的学习评价，学生无法及时获得教师反馈，难以保障自身学习质量。在课程考核目标达成方面，有21%的学生表示不能通过教师反馈知晓其获得分数的原因，有21.6%的学生表示不能通过教师反馈实现其学习计划的改进。进一步反映出学生对课程考核目标的认识存在不足,地方高校未能充分发挥考试评价制度的教育引导作用。当前,学生评价制度以教师评价为单一主体,考试形式单一,过程性考核比重低,存在唯分数、看奖项、重结果、轻过程的现象。形成性评价制度考试内容和模式固定,未能彰显公平理念,也没有尊重学生的主体地位,遵循学生的发展规律。教师评价制度存在严重的重科研轻教学的功利化倾向,不利于教师教学质量的提升,制约了教师专业化发展。此外,教师教学评价观念也过于片面,评价取向重业绩轻发展,评价内容重科研轻教学,评价方法重量化轻质性,唯论文、唯"帽子"、唯职称、唯学历、唯奖项的评价标准饱受诟病。

二、地方高校本科生学业挑战度较低的原因

(一)质量观念滞后

高等教育质量的变革不仅发生在行动层面,更发生在思想层面,人们对高等教育质量的认知影响着高等教育的质量。教育机构对社会变迁的反应具有先天的滞后性。地方高校教育质量观念的滞后既体现在教师的教育教学质量方面,又体现在学生的学习质量之中。当前高校教师要么重科研轻教学,要么重教书轻育人,教案重复利用,教学投入不够,课程教学缺乏深度,教学质量难以保障,最终导致"水课"过多,学生缺乏学习兴趣。大学自由宽松的学习环境,又间接造成大学生不注重职业生涯规划,缺乏持久的学习目标和动力,存在逃课、挂科等现象。我国高等教育正处于普及化阶段,社会各界更为关注大学整体资源状况和办学水平,以学生发展为中心的质量意识还未深入人心。调查数据显示,关于提升学业挑战度的宣传普及率为56%,表明给大学生"增负"和提高学业挑战度都没有引起地方高校足够的重视。我国高等教育发展迅速,在较短时间内实现了从精英化向大众化再到普及化阶段的过渡,但主流的高等教育质量观仍以实用主义的"工具质量观"为主,还停留在高等教育大众化阶段,尚未形成高等教育普及化阶段的质量观。在"工具质量观"的视野下,强调高等教育的发展需满足社会发展变化,人才的社会适应力是其质量评价重要的参照依据,同时要求注重社会需求和市场需求导向的兼顾。这种教育质量观过度追求实现特定即期目标,轻视高等教育自身的主体价值,功利价值倾向明显。鉴于意识对行为的引导作用,地方高校本科生学业挑战度的提升需要与时俱进,首要任务就在于深化人们对高等教育的内涵认知,树立多元全面的质量意识,建立与高等教育普及化相适应的质量观念。

(二)课程质量不高

课程质量是高等教育质量的重要内容,反映着高校办学的真实水平。教师课堂教学质量决定着高校教学质量和人才培养质量的高低。一般而言,课程质量主要通过课程教学目标、课程内容、课程实施过程、课程实施结果进行综合反馈。地方高校本科生课程教学目标和人才培养方向存在一定脱节,未能实现课程教学目标与社会人才需求的匹配。课程内容难度低,缺少深度,课程结构单一,前沿的学科知识和实践案例未及时纳入教学内容中,课程内容吸引力不足。在课程实施过程方面,调查得知,22.5%的学生表示学校课程没有突出强

调记忆或阅读的训练,22.3%的学生表示学校课程不注重知识分析能力的培养,22%的学生表示学校课程没有突出综合能力的学习,22.9%的学生表示学校课程没有着重培养其知识信息的分析判断能力,23.1%的学生表示学校课程没有强调对知识的理解和运用。说明地方高校课程对学生的要求不高,缺乏挑战性,忽视了学生高阶思维能力的训练和培养,学生独立解决问题的能力存在欠缺。优质的"金课"离不开教学的"黏度",而交流、互动是提高教学"黏度"的关键。在师生互动方面,25.1%的学生从未在课堂上主动提问或参与讨论,26.2%的学生从未在课堂上积极回答或思考老师没有既定答案的提问,28.5%的学生表示从未在课堂上就某一研究主题做有预先准备的报告。说明当前地方高校师生间较为缺乏主动交流互动,学生主动学习意识不强,处于被动接受的学习状态。超过三成的学生反馈院系和学校提供的学业指导质量较差,通常教师的学业指导又以课程为主要依据,进而反映出学生对课程实施结果的不满。再加上高校教师不重视教学,缺乏充分的教学准备,往往采用落后的教学理念和过时单一的教学方法,难以形成高质量的精品课程。

(三) 管理机制乏力

地方高校管理制度的公信力不强,缺乏约束性,未能充分发挥人才培养质量保障机制的有效作用,这也是造成本科生学业挑战度不高的主要原因。高校管理制度中和学生学习高度相关的有期中考试管理制度、课程考试制度、毕业清考制度、毕业论文质量管理制度、实习考核与管理制度等。期中考试制度对检验学生阶段性学习状况的意义不言而喻,调查显示有48.3%的学生表示有参加期中考试的经历,占比较少。现实中,除高等数学等少数基础课程外,高校绝大部分专业基础课和专业课没有期中考试,说明地方高校对期中考试制度的重视程度较低。受此影响,学生无法得到良好的信息反馈,难以正确认识自身的学习水平,也不能及时调整学习计划进行查漏补缺,弥补学习上存在的不足。课程期末考试制度是学业诊断的重要方法,对学生学习具有积极的促进作用,但在学生看来学校非常强调或强调课程期末考试难度的合计占比为50.9%,说明地方高校的课程期末考试难度一般。而且多数高校的教务部门对课程挂科率有所限制,任课教师为防止学生出现挂科过多现象,不仅会有意识地主动降低考试难度,还会在考试前给定考试范围,降低学生挂科率,以避免出现教学事故。过于宽松的考试管理制度限制了考试制度的评价作用,降低了考试的质量,无法客观反映学生的真实学习水平,也不利于学生的高质量学习。调查数据还显示,部分学生对清考制度缺乏清晰的认知,说明相关管理制度有待落实完善,需要增强学生学习的主动性。同样,不少学生表示学校不强调毕业论文质量和实习过程的检查,说明实习考核和毕业论文的管理要求较低,标准不严,重结果轻过程,忽视学生的学习体验和反馈。面对学生对教师依赖程度较高,自学能力不强的现象,地方高校也没有建立有效的监督管理机制。结合大学开放自由的学习思想以及弹性宽松的学习制度来看,放养式的管理也难以实现学生学习质量的动态监控。

第六章　国外大学学习和质量保障经验分析

学业挑战度是衡量高校教学质量的重要指标,与高等教育质量保障体系中的人才培养目标具有一致性。学生学习质量是影响高等教育质量的核心因素,也是高等教育质量评估中的关键问题。反之,从高等教育质量视角也可以透视学生学习过程与质量。于地方高校本科生而言,学习既是过程又是结果,贯穿大学阶段的始终,决定着未来人生发展方向,他们需要增强学习主体意识,自主学习,以适应未来社会发展要求。基于此,研究国外大学生学习的成功经验和高等教育质量保障体系的内容,能够为提升学业挑战度的路径构建提供参考。

一、英国大学发展的经验与启示

英国是近代高等教育体系的发源地,拥有悠久的高等教育历史,保持着重视大学学习的传统,在高等教育质量保障体系上具有很高的灵活性。英国大学具有宽进严出的特点,注重学生的个性化培养和创新意识以及探索精神的训练,作为老牌的教育大国在人才培养上有其独到之处。

(一)英国大学发展的经验

英国大学十分关注学生创新意识的培养,在新生入学报道时就准备了大量信息,提高了学生熟悉校园环境和大学学习的效率,营造出积极学习的导向。为尽可能鼓励学生更多地提升自身技能,部分大学还会额外提供一份大学学习生涯规划,帮助学生明确学习目标,同时在课堂教学活动中注重创新思维理念的渗透,培养学生的创新能力。随着就业环境的变化,大学为提高毕业生就业能力,更为注重培养学生的全面品质。卢顿大学采取了细化分级学生的就业技能培养和评估细分学生就业能力的方案,学生在毕业时会取得一份课程成绩单和技能记录单,以供学生客观评价自身能力和用人单位对其能力进行全面考察。学校在传授学生专业知识的同时预先计划学生就业所需的技能,促进学生全面发展,增强学生的就业能力。而且社会用人单位会陆续参与到高校教学过程当中,有些高校直接由用人单位的外聘专家主导部分教学,利用管理人员的直接经验有效培养学生的创新能力和独立解决问题的能力。有学者指出,英国大学一直重视学生学术教育,早在20世纪80年代英国就进行了将工作本位学习纳入学分制学习的尝试。近年来,英国本科教学模式也实现了从学校本位学习向工作本位学习的创新。目前,英国大学更为推崇理论与实践的结合,强调学生学习和工作技能的提高。

(二) 英国高等教育质量保障体系

高等教育质量是一个动态发展的复合概念,而高等教育质量保障体系是指围绕有助于实现教学目标,对教学过程的质量或培养过程做出评判依据的标准体系。英国高等教育质量保障体系的建立可以追溯到20世纪60年代,主要标志是第一个高等教育质量保证组织——全国学位授予委员会(Council for National Academic Awards,CNAA)的成立。随着高等教育规模的扩大以及英国经济情况的恶化,大学教育质量下滑,20世纪70年代末英国进入了大学质量标准讨论建立的阶段,最终形成了以大学基金委员会(University Funding Council,UFC)、多科技术学院和其他学院基金委员会(Polytechnics and Colleges Funding Council,PCFC)、CNAA为主的高等教育质量保障体系。1997年,高等教育质量保证局(QAA)承担了高等教育质量保障职能,构建了新的高等教育质量保障体系并在2001年正式实施。当前英国高等教育质量保障体系是围绕QAA而运作的,主要通过对学术诉求关注的调查来反映高等教育的质量和标准,进而促使学生学习,改进教师教育教学质量,并为英国高校提供质量标准建设与支持,确保英国高等教育质量的提高。其具体工作有五点:一是总体制定和监督英国高等教育质量的标准、程序、规范、章程,包括院校评估和学位课程建设标准;二是学位授予以及授权批准、开发和监督设置相应专业学科课程的教育机构;三是向大学、学院、高等教育组织以及政府提供高等教育质量标准建设方面的建议和意见;四是调查英国在世界各地提供的有关高等教育活动与质量,并定期发布综合评价报告;五是开展培训和指导活动,为专业人士提供高等教育质量信息,帮助英国高校优化改进自身教育质量。总体而言,英国高等教育质量保障体系在保障学生学习质量方面起到了作用。

(三) 英国高等教育质量保障体系的特点

经过长期发展,英国在高等教育质量保障体系方面具有丰富的经验,得到了国际社会的认可,在重视高等教育质量的评估认证过程中,形成了鲜明特点。有学者认为英国高校内部教学质量保障体系具有外生性特点,注重质量文化的培育和积淀,质量标准贴合实际,定位合理,尊重院系和师生自主发展权,而且关注质量保障工作的组织效率,重视功能性机构的建设,体现了以学生为本理念。还有学者将英国高等教育质量保障体系的特点概括为保障体系的法制化、保障机构的多元化、体系建构的融合性、体系发展的平衡性。从实践角度来看,英国高等教育质量保障体系有四大特点:首先,实施主体具有多样性,质量保障体系的主体多元包括政府、高校、拨款机构、评估机构、行业协会、新闻媒体排行榜等,内外结合,体系严密。其次,运作流程具备有效反馈性,该体系在运作过程中注意评价信息的及时、高效反馈,并不断加强自身的改进,最大程度保障高等教育的质量。再次,实施结果具有公开性,在英国高等教育质量保障体系内建立了一个信息数据采集库,评估认证结果也最大化地面向社会公开,在一定程度上也保障了质量保障过程的公正。最后,在高等教育质量保障体系的优化完善中保持了国际统一性,英国为适应国际竞争的需要,加强了高等教育活动的国际合作,并积极加入到不同的国际高等教育质量保障体系之中,不断开放质量协议,并将学生体验纳入了高等教育质量保障体系。

（四）英国大学发展经验对学业挑战度的启示

首先，高校在学业挑战度的标准建设上要明确学生的培养目标和人才市场定位，从教育教学实际出发，围绕提高人才培养质量为核心增加学业任务，提高对学生学习的要求，满足社会发展对人才需要。其次，可以吸收英国高等教育质量保障体系中的以学生为本理念，尊重学生主体地位，重视学生学习体验，引导学生学习，提高学生的学习满意度。同时还可以学习借鉴英国大学人才培养模式，强化学生职业生涯规划，锻炼学生专业技能，注重学生就业能力的提升。最后，地方高校学业挑战度的标准建设同样需要保持开放性，强化与其他同类型院校乃至一流大学的交流合作，吸收可取经验。此外，学业挑战度的衡量内容要尽可能反映学生真实的学术水准，并不断优化高校为学生提供学术水准的能力，进而促进高校人才培养水平的提高。

二、美国大学发展的经验与启示

作为世界上高等教育最为发达的国家之一，美国尤其重视课程和学生学习质量，通过不断调整和改革大学课程，提高本科教育质量，在学生学习评价和学习性投入方面取得了巨大成就。随着社会和科学技术的进步，美国高等教育凭借其处于领先水平的高等教育质量保障体系和大学课程质量，在培养具备创新能力、可持续发展能力和终身学习能力的新型人才方面积累了一定经验。

（一）美国大学发展的经验

美国大学的学习制度相对合理完善，尽管各院校的学习制度安排不一，但其背后形成了共同的调节机制，即淘汰机制，保障了人才培养的质量。具体的淘汰制度主要体现在学生入学、课程学习与评审和授予学位当中。有研究指出，2003年密歇根大学安阿伯分校本科生毕业率为70.5%，伊利诺伊大学厄巴纳-香槟分校本科生毕业率为69.5%，威斯康星大学麦迪逊分校和得克萨斯大学奥斯汀分校的本科生毕业率都仅有41.7%。2005年兰德公司的调研同样发现美国本科生毕业率只有50%左右。在提升本科生学习质量方面，美国十分重视大学学习的测评和学生学习质量的监测，先后组织开展了"大学学习测评""大学学业水平评估考试""大学排名计划""全国大学生学习性投入调查"等项目，并取得了一定成效。社会不再把学生学习成绩当作衡量人才质量的唯一依据，美国高校在对学生学习质量的考察方面既重视学习结果的评价又重视学习过程的考量，强调评价标准要体现学生的知识与技能。美国大学的学习指导拥有悠久历史和丰厚的文化底蕴，在保障人才培养质量方面起到了重要作用。面对复杂的就业环境，为满足学生学习的需要，高校必须将教育的重点转移到学生的学习上，还需要将促进学生学习作为教育的根本任务和目标，提高学生学习质量。

（二）美国高等教育质量保障体系

美国高等教育质量保障体系的发展主要分为两大阶段：第一阶段即二战前，由院校认证发展到专业认证，认证标准由关注高校、强调量化转变为关注高校的"整体模式"，形成了以认证制度为核心，各州拥有颁发特许证权力的体系；第二阶段即二战后，通过改进高等教育质量认证方法、调整认证政策、变更协调认证工作的全国性机构等方式，优化了高等教育质量保障体系的内容，美国高等教育进入了发展的黄金时期。伴随社会各界对高等教育的重视，联邦政府对高等教育的干预也愈发增多，高等教育质量评估转向本科教育、学生学习结果以及如何提高学生学习质量，大众媒体对高校的排名开始兴起。随着美国高等教育内部条件和外部环境的变化，相应的质量保障体系也处于不断完善调整的过程，最终形成了以认证制度为核心的高等教育质量保障体系。美国高等教育质量保障体系分为内部管理监控体系和外部监控认证体系两个层面，二者相互补充、相互衔接，为美国高等教育质量提供了坚实的保障。从美国高等教育内部质量保障体系来看，多数美国高校坚持独特的办学理念和校园文化，在生源上也特别关注学生的综合素质与培养潜力，实行严格的教师聘任、遴选、考核、晋升程序，注重领导层的多样化同时尤其重视下属的创造性，在专业设置和课程设置上强调市场和科技的发展动态，对校园环境的投入力度也很大，为高等教育的发展提供了良好的办学条件。从高等教育外部质量保障体系来看，美国没有明文规定的国家质量标准，只有对高等学校办学或专业质量进行鉴定的质量评估，注重发挥社会力量的评价监督作用，激发社会各界对高等教育质量的关注，进而促进美国高等教育健康发展。

（三）美国高等教育质量保障体系的特点

美国高等教育质量保障体系在长期发展和不断优化的过程中具有以下特点。就体系内部来看：首先，高校内部具有相对完善的自我评估机制，多数院校形成了各自的内部质量指标体系；其次，其质量指标的研制和发展与高校培养目标紧密相关；再次制定了有助于学校持续发展的质量保障措施；最后注重对教学质量的过程监督。从外部来看，外部质量保障认可机构具有相对的独立性，由民间协会组成，注重质量保障体系的不断完善以及数据和事实的实证性，参与认证的人员来源也多样化。还有学者认为美国高等教育质量保障体系适应了美国的政治、经济、社会、文化要求，适应了外部政治体制环境，实现了政府主体、高校主体和社会主体在质量保障体系中的融合，在保障对象方面，高等教育的认证制度基本达成了对高等教育机构的全覆盖，兼顾整体与局部，同时注重理念的改革与创新。因此，有学者将美国高等教育质量保障体系的特征概括为：质量保障体系外适化和完整化、质量保障主体多元化和层级化、质量保障对象系统化和全局化、质量保障标准多样化和特色化、质量保障举措制度化和规范化。此外，在美国高等教育质量保障体系中，课程建设占据着重要一环。美国社会各界尤为关注大学课程，要求大学应根据社会和个人的发展要求不断扩大大学课程范围，满足社会和个人求新、求发展的愿望。专业化和职业化在美国大学课程领域占据着统治地位，已成为美国大学课程发展的一种惯性。

(四) 美国大学发展经验对学业挑战度的启示

我国地方高校在提高学业挑战度的设计上可以参考美国大学学习及其高等教育质量保障体系的有益经验,结合地方高校实际坚持独特的办学理念,形成专业特色,侧重学生综合素质的开发和潜在能力的培养。在加强校园文化建设的同时,人才培养目标的设置也要关注就业市场的动态变化,不断丰富课程的内涵和质量,优化课程体系和专业设置,推动学业挑战度的有序合理提高。政府可以借鉴美国高等教育质量保障模式,利用科研经费的评审导向,引导地方高校加大对学业挑战度的研究投入,确保学业挑战度的研究水平和研究质量。地方高校则要提高对学生的要求,可以引入淘汰机制,激励学生学习,强化学生学习过程的监督考核,鼓励学生参与学习评价项目的调研,积极开发建设多元科学的学习评价项目。在学业挑战度的质量指标制定上也可以吸取美国大学教育思想中的精华,兼顾局部与整体,以课程质量为核心,注重对教师教学质量和学生学习过程的全方位考察。地方高校还可以借鉴美国学习指导的经验,利用本科生导师制度畅通教师为学生学业提供指导咨询服务的渠道,增加师生互动,丰富学生学习体验,提高学生学习质量,推动学生学业挑战度的提高。此外,由于美国教育严重产业化,引发了一系列社会反应,学费经费失衡导致"大学行销竞争"和"盈利型大学"泛滥,很多美国名校的学生都认为教授只关心研究,不关心学生的学习,对此,我们在进行高等教育质量保障之都建设时也要努力克服这一弊端。

三、德国大学发展的经验与启示

目前,德国大学形成了兼顾理论和实践的双轨制职业教育体制,对学生学习要求较高,保持了毕业生的就业核心竞争力,在人才市场享有较好的声誉。

(一) 德国大学发展的经验

德国的现代大学遵循自由哲学和自由教学原则。早在18世纪末,席勒就对德国大学学习进行了深入探讨,他将学生分为两类,一类是追求官职及官职带来的好处的利禄之徒,一类是追求高贵知识本身的哲学之才。在他看来,大学应排除利禄的干扰,仅为哲学服务,学生进入大学学习的目的在于成为一名为国家服务的合格的公务人员。人文主义思潮兴起后,洪堡构建了新的大学学习观念,科学成为大学的核心所在,大学开始将人才培养和科学研究相结合,学生学习的根本任务是科学研究和科学修养,学术训练成为了学生学习的重要内容。包尔生指出,19世纪德国大学学习主要有学习、研究和哲学思考三项任务。学术至上成为了德国大学的鲜明特征,支配了学生学习,大学的核心任务是进行科学教育,而不是满足某种职业的需要,这一时期,德国大学学习带有明显的学术倾向。随着大学由精英化走向大众化以及现代的专业人理念取代了文化人的理想,大学知识取向和职业取向的矛盾日益尖锐,现代德国大学培养和学习传统开始变革,逐渐建立了学士和硕士两级培养制度,朝着多样化培养的方向发展。但因其传统的培养和学习观对高等教育与学生学习产生了深远影响,在人才培养上仍发挥着独特的有效性,德国大学学习对学生学习要求较高,有相当部分的学生不能如期完成学业,通过增加学习内容和考试难度,为人才培养质量的提高提供了保证。

(二)德国高等教育质量保障体系

德国高等教育质量保障体系的历史演变大体可以分为两大阶段。20世纪30年代至90年代为德国高等教育质量保障的"内隐性"阶段,欧洲掀起学生运动后,德国才引入了质量保障概念,并在"改革型大学"的评估结构建立中得到了实际应用,也催生了评价高等教育结构与内容的方法。二战后,德国政府先后成立了各种教育和咨询机构以协调全国性的教育问题,并在各州自行管理教育事业的基础上,逐步扩大联邦在教育方面的权力,推动了教育科研合作项目的发展。随着市场压力、国际竞争、学生满意度等多方面压力的增加,德国高等教育质量保障体系进入了"外显性"时期的第二阶段。在对国内评估政策的讨论当中,逐渐建立了适应本国高校发展需求的质量标准,明确了办学目标定位于大学课程体系,引入了高等教育认证制度,各州也建立了相应的认证委员会,负责学位课程的认证以及评估机构的审核监督。同时为保证德国高等教育在国际市场的竞争力,各州政府在高等教育质量标准建设上鼓励学生参与和社会监督,最终使高等教育质量保障体系实现了"内隐性"向"外显性"的转变。20世纪90年代以后,德国引进了以美国认证体系为基础的专业认证体系,完善了其质量保障系统。现阶段德国高等教育质量保障体系主要由高等教育的质量评估和认证体系构成,又可分为内部和外部质量保障体系,其中内部质量保障体系强调体系认证和评估,外部质量保障体系重视专业认证和评估,二者的有机结合保障了德国高等教育的质量。德国高等教育质量保障体系的发展与欧洲一体化进程具有紧密联系,认证体系是开放式的,由全国性的认证管理机构——认证委员会负责认证和协调认证程序,高校自由选择认证机构进行认证,认证机构受认证委员会的认可、参与市场的自由竞争,并受德国特有市场条件的约束。

(三)德国高等教育质量保障体系的特点

德国高等教育质量保障体系的发展相对滞后,与世界其他国家存在较大差异。在高等教育质量管理上形成了多个管理中心,既重视管理的分权,又注意多中心的统一,以立法的形式确立高等教育质量保障机构的合法地位,强化了政府的管理行为,建立了以评估和认证为核心的高等教育质量保障体系。经过长期发展,德国高等教育质量体系认证具有以下特点:首先,在学科专业的课程开发上,以职业技能要求为核心,以满足社会就业需求为导向。其次,在办学方向上,坚持教学的独立和实际需求,而且强调职业院校和综合性大学的贯通性。再次,德国还重视各州高等教育质量保障的信息和经验交流。为保障新学位课程的质量,与国际接轨,在德国的高等教育质量认证体系中,要求所有新建立的学士、硕士课程必须通过认证机构的认证,且所开设的课程为学生日后就业所需,注重培养学生的实用技能。最后,在认证代理机构的选择上表现出多元化的特征,德国的高等教育认证委员会并没有确定一个统一的模式,只是确定了一个开放性的框架供高校在设立学士专业和硕士专业时参考,认证代理机构的可选择性多,并提供不同的认证形式。

(四) 德国大学发展经验对学业挑战度的启示

在德国大学学习和高等教育质量保障体系中,学术研究及学位课程的认证起到了关键作用,学业挑战度的提升同样也应以高质量的课程建设为核心,增强课程质量和学术水准。课程是高校教学活动的中心,同时是师生进行知识互动的主要场所,更是塑造专业人才的首要手段。因此,在学科专业高质量课程的建设开发中,需要兼顾课程内容的实用性和理论性,在主动对接社会就业市场的同时,重视培养学生的综合能力与职业素养,保障课程内容能够为学生就业提供支撑作用。而且要革新传统的大学学习观念,增加学习内容和考试难度,提高对学生的要求,确保人才培养质量。在参照德国高等教育质量保障体系的基础上,地方高校本科生学业挑战度的提升还要适应高校办学发展的实际需要,着重培养学生的职业技能,满足学生职业发展的需求,增强学生的就业核心竞争力。此外,地方高校还应尽可能减少对教师教学的干预,坚持教师教学的独立性,在人才培养方式上与国际接轨,保持开放性,以客观多元的评价方式促进教师的有效教学。

四、日本大学发展的经验与启示

日本国土面积较小,人口众多,但是经济、科技水平发达,以有限的国土资源创造出举世瞩目的发展成就。在高等教育办学理念、文化渊源、学生学习和质量保障等方面,日本也与我国有着较多的相似之处,其历史经验对促进我国学生学习,提高我国高等教育水平具有启示意义。

(一) 日本大学发展的经验

有研究指出,20世纪80年代末期,日本和我国现阶段出现的"玩命的中学、快乐的大学"现象极为类似,学生在高中时代学习压力较大,而大学阶段自主活动的余暇时间长。在大学类型上,学生学习也存在差别,国立大学的学生以学习为中心,把学习和研究放在首位,私立大学的学生以交友和人际关系为生活重点,城市型大学的学生也较为重视学习。随着终身教育思想的引入,日本加快了构建学习型社会的步伐,在名为"关于终身教育"的咨询报告中强调要"尊重人们终身学习的努力,并给予适当评价,朝着学习型社会迈进。"还颁布了《终身学习振兴法》为终身学习创造了条件。通过改革入学考试制度,设置专攻科和特别科以及夜间课程和函授教育等手段拓宽了社会人员进入大学学习的机会。进入20世纪90年代后,以学生调查来评估高等教育质量的这一模式对世界高等教育产生了巨大影响,NSSE的应用范围不断扩大,受此影响,日本学术界也开始重视大学生的学习。金子元久主持实施的"全国大学生调查"引起了积极反响,其调查的内容主要是通过考查学生的课堂体验及对教学方式和内容的认同,以反映学生学习质量。他根据大学教育的认同和明确的学习目标,将学生分为高度匹配型、独立型、排斥型和被动顺应四种类型,认为在高等教育精英化阶段,多数学生认同大学教育,学习目标明确,属于高度匹配型。在大众化阶段,以被动顺应型和独立型的学生为主,随着高等教育普及化程度越深,学生愈发缺乏明确的学习目标和对大学教育的认同,排斥型的学生不断增加。在日本大学学习中,大学教学改革也起到了推动作用,"以学生的学习为中心"的教学理念得到实践,提高了学生的学习动力和基础学习能力。

(二)日本高等教育质量保障体系

日本十分重视高等教育质量保障工作。二战前,日本高等教育主要为帝国主义服务,充满军国主义色彩,属于国家主导型的高等教育质量评价。二战后,美国高等教育质量保障理念开始引入,大学和政府主要负责高等教育质量保障活动,此时尚未构建正式的第三方评估机制,由政府负责所有新成立大学的审批,大学的课程内容、教师资格和规模、场地设备、招生人数等方面都要符合《大学设置基准》。但随着适龄人口数量下降,公众对高等教育体系产生了怀疑,优胜劣汰、优先考虑院校质量的市场机制受到社会关注,第三方团体在高等教育质量监控中的作用得到彰显。21世纪初,日本政府参照美国的高等教育质量保障体系,放宽了对大学建立之初的事前管控及事后审查的质量保障政策。文部科学省围绕日本新的高等教育质量保障体系要求,认可了大学基准协会、大学评价与全国学位授予机构、日本高等教育评估机构这三家大学认证与评估机构,并定期举行评估与认证。为进一步实现高等教育质量保障和提升,日本高等教育质量保障体系开始向建立和完善以自我评估和"三项教育政策"为核心的内部质量保障机制转变。当前日本的高等教育质量保障体系由两大方面构成,一是以自我评估和"三项教育政策"为核心的内部质量保障机制,二是以院校认证、国立大学法人评估以及工程教育认证为主的外部质量保障机制。自我评估是在尊重大学自主性的基础上,由大学根据各自的教育目标围绕提高教育和研究质量进行自我评价,构成了第三方评估的基础。"三项教育政策"则是通过引进教师资格证更新制度及学校评估制度等,实现高质量的教育,提高学力;通过体验活动和社会服务活动,培养规范意识,陶冶情操;提高家庭和地区的教育能力。外部质量保障机制既包括法律和政策明文规定的制度化保障体系,也包括一些非制度化和部分学校实施的质量保障措施。《学校教育法》《学校教育法实施行令》则明文规定了所有大学都要接受文部科学省认可的评估机构开展的认证评估以及具体的评估周期,为日本高等教育质量保障活动提供了法理基础。形成的制度化的高等教育质量保障体系主要包括高校的自我评估、设置认可、认证评估以及国立大学法人评估等四种基本形式。

(三)日本高等教育质量保障体系的特点

日本政府高度重视高等教育事业的发展,高等教育质量保障体系得到了政府的大力支持,在结合本土特色的基础上吸收了各国的成功经验,最终形成了多样化的高等教育质量保障体系。日本形成的制度化的高等教育质量保障体系主要包括高校的自我评估、设置认可、认证评估以及国立大学法人评估等四种基本形式。而且在其质量保障体系中,不同评估形式的发展历程也适应了日本社会经济发展不同历史阶段的需要,呈现出多样化的特征。二战后,政府对大学设置基准进行了多次修订,扭转了彻底的美式教育改革带来的弊端,高等教育制度的自我控制意愿得到彰显,为适应20世纪末期社会发展的需要,发挥高校办学的主动性,政府又放宽了对高校的法律和政策控制。此外,政府强制规定所有高校必须实施自我评估,解放了高校主观能动性,扩大了高校自主权。一方面,日本高等教育质量保障体系评估主体多元,认证机构独立于高校和政府之外,认证评估结构具有明显的融美式与英式为一体的结合色彩。日本主要的高等教育认证机构中的大学评估和学位授予机构最终发展成了英国式的高等教育认证评估机构,而大学基准协会从构建之初就是仿照美国高等教育认证评估模式设立的。另一方面,四种高等教育评估形式之间联系紧密,具有高度的互补性,并与评估主体呈现一一对应的关系,确保了制度整体的有机性。总体看来,日本高等教育质量保障体系具有评估形式多样化、评估主体多元化、质量保障制度一体化的基本特征。

(四)日本大学发展经验对学业挑战度的启示

从日本大学学习和高等教育质量保障体系的成功实践来看,地方高校大学生学业挑战度的提升需要吸取以下经验:首先,要以建设学习型社会为导向,营造良好的社会风气和学习氛围,引导学生树立正确的学习理念,鼓励学生学习。其次,在课程质量标准建设上,要围绕学生学习为中心,充分发挥高等教育为社会服务的职能,强化社会各界对高等教育质量的监督作用,针对人口结构、就业市场导向的变化及时更新调整课程教学内容,做好就业市场与人才需求的衔接。最后,在地方高校本科生学业挑战度的提升过程中,可以学习日本制度化的高等教育质量外部保障体系,通过制度约束,明确提高学业挑战度的任务和形势,鼓励学生的学习性投入和学生参与,挖掘课程内容深度,激发学生学习的主观能动性,提高学生学习质量,保障高校育人效果。此外,还可以借助第三方认证机构的评价作用,在充分尊重大学自主性的前提下,引入市场竞争机制,开展大学生学业挑战度的认证和调查,建立健全提升学业挑战度的教学管理体系。

第七章 国内振兴本科教育的改革和探索

我国高度重视本科教育教学在提高人才培养能力和提升人才培养水平中的决定性作用。目前,国内高校以《国家中长期教育改革和发展规划纲(2010—2020)》《关于全面提高高等教育质量的若干意见》《关于学习贯彻教育部新时代全国高等学校本科教育工作会议精神的通知》《关于加快建设高水平本科教育全面提高人才培养能力的意见》《关于深化本科教育教学改革全面提高人才培养质量的意见》《中国教育现代化 2035》等文件为纲领,深入贯彻落实全国教育大会精神,不断巩固本科教育的基础地位,把本科教育作为高校最基础、最根本的工作,进行振兴本科教育的改革实践,走出了一条扎根高校实际,以质量提升为核心的内涵式发展道路。

一、深化本科教育教学改革

在全面振兴本科教育的趋势下,国内不管是一流大学、地方高校还是本科学院都在制定相关方案,将质量文化建设落实到教育教学各个环节,通过加强教育教学改革,保障人才培养质量。

(一)一流大学的探索

作为建设高水平本科教育的典范,近年来,国内一流大学在深化本科教育改革,大力提升本科人才培养质量方面进行了大量探索与实践。其中,武汉大学和西安电子科技大学率先进行本科教育教学改革,积累了深厚经验。

武汉大学于 2015 年 4 月启动本科教育改革大讨论活动,起草了《关于深化本科教育改革的若干意见》《关于构建以学生为中心的教育教学服务体系的实施意见》《关于进一步加强通识教育的实施意见》《关于深化创新创业教育改革的实施意见》《关于进一步加强艺术教育的实施意见》《关于进一步加强体育教育的实施意见》《关于教师教学工作考核评价与绩效激励的实施意见》《关于进一步加强本科生学习考核评价的实施意见》《关于完善本科教育质量保障体系的实施意见》等系列文件,形成了完备的本科教育振兴和提高人才培养质量的保障体系。武汉大学本科教育改革的内容主要涉及以下九点:一是深化本科教育改革力度。明确提出本科教育改革的目标是以"成人"教育统领"成才"教育,培养一流的本科人才,吸引高水平师资长期并全身心投入本科教学,建设一流的教学队伍,强化本科人才培养的基础性地位,构建一流的本科教育保障和服务体系。以改进教师教学考核和学生学习评价制度为重点,改革体制机制,营造一流的教学文化,促进学生全面发展,全面提高本科教学质量。二是构建以学生为中心的教育教学服务体系。要求不断强化教育教学工作的服务导向,对学生分年级、分层次、有针对性地进行个性化学业指导和帮扶,强化学习支持,满足学生日益增长的优质教育教学资源需求,提高学习满意度。三是加强通识教育。成立学校通识教育委员会,做好顶层设计,成立通识教育管理办公室,强化组织管理,设立通识教育特聘教学岗,加强教师队伍建设,改革教学方式方法,丰富课程考核方式,严格通识课程质量管理,建设核心通识课程,强化教学激励机制。四是深化创新创业教育改革。成立创业学院,制定创新创业教育发展规划,构建多层次、立体化的创新创业教育课程体系,聘请各行业优秀人才担任创新创业授课合作教师,组建专兼结合、校内外共建的高素质教师队伍,搭建创新创业实践教学平台,加强创新创业实践教育,构建协同育人新机制。五是加强艺术教育。以优化艺术教育理念为先导,以优化本科人才培养方案、加强艺术类通识教育、加大校园文化建设力度为抓手,重点突破,统筹推进全校艺术教育教学改革。六是加强体育教育。完善体育场馆设施建设,加强体育场所的运行管理,出台加强体育教育的奖励措施,建立健全学生体育活动评价体系和奖励制度。七是实施教师教学工作考核评价与绩效激励制度。坚持全面分类评价,保障教学优先发展,将高质量的教学工作作为职务晋升、评优评先的必备条件,加大教学奖励力度,设立教学成果奖、教学荣誉奖、教学质量奖、教学管理奖,引导教师积极投入教学,回归人才培养本位。八是加强本科生学习考核评价。积极探索学生学习个性化考核方式,加强课程学习的过程评价,加强课程学习的动态评价,改革课程考试考核方法,完善学习考核评价体系,实施动态课程成绩监测,激励学生潜心学术,提升学习质量。九是完善本科教育质量保障体系。提升本科教育督导工作地位,及时做好本科教育质量监控、评估信息的分析、反馈和有效利用,坚持常规教学检查,组织多元化本科教育质量评估,建立教师教学质量档案制度,强化教师教学质量和学生学习质量评价及结果运用。武汉大学通过多项改革举措,在本科人才培养质量提升方面取得显著成效,助推高水平本科教育的建设。

西安电子科技大学为打造一流本科教育体系,制定《关于进一步提升本科教育质量的若干意见》,提出以下八点要求:一是围绕本科教育专题完善院校两级管理机制,形成党委常委会、校长办公会每年召开本科教育专题会议,用制度体系保障本科教学在全校工作中的核心地位。二是以国际一流专业的培养方案为参考,完善学校各专业本科教育质量标准,实施大学生科研训练计划,完善培养模式,突出培养特色。三是落实教授为本科生上课制度,实行专业负责人、课程负责人制度,加强教学团队建设,规范教学秩序,提升教师教育教学能力。四是分类、分层次修订课程标准,建立课程调整退出机制,积极改进教学方法和手段,建立专业设置预警、退出和动态调整机制,开展多方位、多层次的评教活动,深化课程改革,强化资源建设。五是坚持社会需求和学生就业导向,优化专业结构,强化质量保障。六是以学生学习成效为导向,提高学生学习的自觉性和主动性,改变学生的被动学习方式,建立本科生学习导师制、研究生助教制,构建多方协同合作的学生学业帮扶体系,强化学业管理,强化学风建设。七是重视生源质量,改进招生宣传方式,建设有效的优质生源招生体系,成立"卓越计划试点班""祖同菁英班""信息与计算科学英才班"等,推动多种类型的拔尖创新人才培养试点,完善招生选拔机制,增强国际合作。八是持续增加本科教育教学经费投入,努力汲取社会资源,优化教学设施和环境,进一步整合学校资源,优化办学空间,提高办学效益,提升本科教育的保障能力。并设置本科教育质量提升计划专项基金,实施"本科教育质量提升计划",对专业综合改革、专业教学团队建设、拔尖创新人才培养试点和教学改革、实践教育体系建设、优质课程与教材体系建设、教师教学能力培训等提供资金支持。并出台《本科教育质量提升计划项目管理办法(试行)》,对项目的申报、立项、管理、结题验收、经费管理等方面作出规范性指导,要求重点特色项目应对本科教育质量提升具有明显促进和牵引作用,项目组所在学院需要为项目的研究和实践提供保障,协调解决项目实施过程中存在的各种问题,确保本科教育质量提升计划项目的建设落实。

以上两所大学实施了高起点、高目标的振兴本科教育改革,对标国外一流大学,改革内容重视课程质量建设,教育改革覆盖面广,实施力度较大。重点围绕学生学习,在教师队伍建设、课程标准、教学经费投入、教学激励机制、教学工作考核等方面发挥了制度体系对本科教学的保障作用。在落实振兴本科教育要求中,多项改革措施并举,一方面,相关要求有助于促进学生全面发展;另一方面,教育教学改革实践为提高大学生学业挑战度积累了经验,提高了高校人才培养能力。而且一流大学的教育教学改革较为注重结合学校发展实际,比如,武汉大学本科教育改革重视通识教育、艺术教育、体育教育、创新创业教育的发展优化,西安电子科技大学构建了本科教育院校两级管理机制。

(二)地方高校的实践

地方高校为贯彻落实"以本为本,推动四个回归"要求,夯实本科教育的基础地位,全面提高人才培养质量,开展了大量实践探索。

江苏师范大学制定了《本科教育思想大讨论活动实施方案》,要求各单位以专题会议、辅导报告、座谈会、网络宣传等形式,在全校范围内开展本科教育思想大讨论,主要围绕四大主题进行深入思考与研究:一是明确学校、学院、教师的根本使命,人才培养的目标定位,学生知识、能力、素质的要求。二是探讨破解本科教育工作基础地位、提高人才培养能力、健全本科教学激励机制等方面任务的工作难点和问题的方法途径。三是思考高水平培养体系的形成,高水平学科专业、教师队伍、课程教材体系和管理制度的建设。四是围绕本科教育的基础地位优化资源配置,增强管理服务能力,提升管理服务水平,促进教育教学发展开展研讨。

南京财经大学结合学校实际制定了《关于加快建设高水平本科教育全面提高人才培养质量的实施办法》。主要内容涵盖以下九个方面:一是深刻认识高水平本科教育的重要意义,准确把握学校发展形势要求,切实巩固本科教育的基础地位和中心地位。二是坚持以习近平新时代中国特色社会主义思想为指导,明确学校专业建设、高水平本科人才培养体系、本科教育总体水平的建设目标。三是坚持社会主义办学方向,坚持德才兼修,持续提升思政工作质量,加大思政课程建设和教学改革力度,不断提高思政课程教学效果,把思想政治教育贯穿和渗透到人才培养全过程。四是主动适应社会需求,鼓励教师创新教学方法,系统推进课堂教学改革,激发学生学习兴趣,提升学生的学业挑战度,合理增加课程难度、拓展课程深度,加强学习过程管理,深化人才培养模式改革和创新。五是加强师德师风建设,提升教师教学能力,资助培育优秀教学团队,深化教师评价体系改革。六是以一流专业建设、品牌专业建设为契机,强化专业内涵建设,健全专业动态调整机制,提升专业适应性、竞争力,并不断优化课程和教材体系,推进现代信息技术与教育教学的融合。七是完善人才培养协同育人机制,强化科教协同育人,深化国际合作育人,构建多层次、多学科、全方位的实践教学平台。八是完善质量保障体系建设,实现管、评、办分离,建立自我评估制度,形成以提高人才培养水平为核心的质量文化。九是加强组织领导,加大经费投入,注重总结宣传。

广西民族大学重点围绕本科生初次毕业率、学位授予率、课程考核、学术活动、课堂管理、学风建设等方面制定了《关于提升本科学业挑战度+全面提升人才培养质量的实施办法》。办法规定学生在学期间,凡发生1次考试作弊行为并受到违纪处理的本科生,不再授予学士学位,本门课程重新学习;累计发生2次考试作弊行为并受到违纪处理的本科生,一律按退学处理;被取消课程考核资格累计达到5次的本科生,不再授予学士学位,将本科生初次毕业率和学位授予率控制在合理区间,坚决改变轻轻松松就能毕业的情况。还规定增加课程考试次数和考核难度,取消补考制度,严格落实毕业论文答辩资格审查制度,严肃查处本科毕业论文学术不端行为,确保毕业论文质量,学生平均每学期应当参加不少于2次的学术活动,鼓励学生进图书馆读书,增加课外阅读量。此外,办法要求任课教师在教学过程中加强考勤管理,积极管理课堂,使课堂回归本分。

太原科技大学制定了《关于深化本科教育教学改革全面提高人才培养质量的实施办法》,通过严格教育教学管理,深化教育教学改革,加强教师队伍建设,加强组织保障,构建全方位育人格局。内蒙古工业大学围绕全面落实培养德智体美劳全面发展的社会主义建设者和接班人这一根本任务,制订《关于全面提高本科人才培养能力的实施意见》,进一步巩固本科教育教学中心地位,着力提升教师教学能力,重点加强专业特色建设,大力提升课程教学实效,强化实践育人功能,协同促进学生学业发展,加强人才培养质量保障等综合措施全面提高人才培养能力。

综上所述,地方高校的本科教育改革实践更为侧重专业建设,多数院校以构建高水平本科教育和高水平人才培养为目标,强调资源配置为本科教育服务。既鼓励教师创新教学方法,培养学生学习兴趣,提升学生的学业挑战度,又突显师德师风建设在人才培养中的重要作用,要求高校坚持立德树人,培育优秀教学团队,营造人才培养的质量文化。其中,广西民族大学在提升学业挑战度过程中,十分重视诚信教育和学风建设,将考试作弊和学位授予标准挂钩,在鼓励学生学习的同时还强调教学过程中的考勤管理,严格控制本科生毕业率和学位授予率,体现了振兴本科教育的决心,在摸索与实践中初见成效,增加了学生的学习性投入,有效改善了学风。

(三) 本科学院的实践

本科学院以实施本科教育为主要任务,在振兴本科教育、进一步提高人才培养质量方面同样也制定了诸多方案。

湖南理工学院为持续推进应用型人才培养模式改革进程,进一步提升人才培养质量,制定了《深化本科教育教学改革实施意见》,主要内容有以下八点:一是完善专业准入管理,建立专业动态调整机制,推进专业综合改革,强化专业内涵建设。二是构建模块化教学体系,探索大类培养改革,推进校企合作,构建人才培养与社会需求联动机制,创新人才培养模式。

三是优化课程结构,推进教学范式改革,凸显课程改革实效。四是成立公共基础课实验和创新训练中心,加大重点实验室资助力度,加强实践教学内涵建设,优化实践育人体系。五是推动创新创业教育与专业教育的融合,完善创新创业教育支撑条件建设,提升人才培养质量。六是充分发挥教师教学发展中心职能,实施教师培训学时达标计划,强化教师培训,推进教研教改,着力提高教师教学能力。七是健全教育教学质量常态监督机制,完善制度建设,推进小学管理的规范化。八是实行推进教育教学改革,提高本科教学质量的"一把手"责任制,加大经费投入,优先保障教学,提高教学支出占学校总支出的比重,充分发挥师生的主体作用,构建深化教育教学改革工作的长效机制。

岭南师范学院制定《质量提升工程(人才培养)实施方案(2018—2020年)》,在五个方面具体实施:一是以专业认证为抓手,重新修订人才培养方案,构建科学合理的课程体系,建立完善的应考培训模式,确保每届师范生教师资格证考试通过率不低于75%,促进以成果为导向的专业内涵建设。二是提升教师教学能力,积极开展基层教研活动,实施优秀教师奖励和进修制度,全面开展教师教学能力提升培训。三是积极推进课堂教学改革,建立学生自主学习制度,推进信息技术与教育教学的深度融合,提高教学效果。四是建立完善的教学质量保障体系,把教学质量作为教师专业技术职务评聘、绩效考核的主要依据,改良学生评教,健全教学质量评价机制。五是建设生源质量提升体系,切实加强和改进学生思想政治教育,强化学生学业指导与服务,助力学生全面持续发展。

南宁学院制定了《本科教育质量提升行动实施方案》,以"五大工程,两大计划"为主要任务。其中,五大工程内容主要有:夯实立德树人基础工程,制定《南宁学院关于进一步加强师德师风建设的实施意见》,加强师德师风建设,把立德树人的成效作为检验学校一切工作的根本标准。应用型学科专业建设特色提升工程,优化应用型学科专业结构,加强应用型学科专业结构,加强应用型专业建设,鼓励应用型专业综合改革。应用型课程(课堂)建设内涵提升工程,强化课程思政和专业思政,建设应用型"金课",推动应用型课程资源建设与利用,促进课堂教学革命,强化实践动手能力的提升,加强学习过程管理。师资队伍建设能力提升工程,实施人才强校战略,注重教师能力提升。教风学风建设育人提升工程,加强师德师风建设,落实以学生发展为中心,加强学风建设,加强教学过程管理。两大计划内容主要有:产教融合深化计划,深化产教融合,推动科教融合,促进校企合作,提升服务地方能力。创新创业引领计划,完善创新创业教育生态系统,提升创新创业队伍能力与水平。

可以看出,本科学院在振兴本科教育的改革中,主要以专业建设、课程教学、师资队伍建设以及创新创业教育为中心。同时,在人才培养过程中强调联系社会需求,通过校企合作,产教融合,强调学生实践动手能力的提升,健全实践育人体系。在教育教学改革中也加大经费投入,优先保障教学,重视实验室建设,不断丰富实践教学内涵。而且,本科学院的教育教学改革专业性和应用型色彩更为突出。岭南师范学院要求每届师范生教师资格证考试通过率不低于75%,切实加强了学生学习的积极性,提高人才培养质量。南宁学院则将立德树人的成效作为检验学校一切工作的根本标准,以学生发展为中心,强化课程思政和专业思政的融合,建设应用型"金课",推动本科教育质量提升。

二、建立学生学业警示及帮扶机制

在人才培养的学风建设方面,国内诸多高校为强化对学生学习的过程化管理,也出台了相应的办法,建立学生学业警示及帮扶机制。江西理工大学率先实施学业预警制度,将其分为期初预警、期中预警和期末预警三个阶段。学校主要是通过在学习进度推进的不同阶段,密切关注学生动态,对缺课达到一定数目的学生采取提醒、教育等预先警示方式予以指出并责令改正。其成功经验得到了迅速推广和验证。

(一) 一流大学的学业预警办法

国内一流大学十分重视学生学习质量,从多个方面在制度上、管理上严格把控学生学习质量,建立了多元的学生学业预警制度,也形成了较为完备的学业预警机制。

在吉林大学《本科学生学业预警工作实施办法》中,学业预警是指学校依据学生修业的有关规定和各专业培养方案的相关要求,通过对学生各阶段的学习情况通报,警示学业出现问题且有可能无法顺利完成学业的学生,并采取有针对性的防范措施,帮助学生完成学业。主要由学校、学生、家长之间的沟通与协作,对在校学生的学习情况进行实时监控、引导和督促进行本科学生学业预警。学生学业出现预警具体的情况分为五种:一是修读学分过低,在一个学期中获得主修专业培养方案规定课程学分不足18学分,或学期规定课程学分不足75%的。二是因学习成绩不合格已办理延长学习年限的。三是学生至毕业前一年开学为止,修读各类课程学分仍低于培养方案规定总学分的,有无法正常参加毕业论文(设计)可能的。四是毕业前一年仍有通识教育公共选修课修读学分未达到要求的。五是其他可能影响学业完成情形的。同时要求学院应了解和掌握学生学习的总体情况,建立学生学业预警档案,针对性地采取补救措施,对学生进行课程指导和学业帮扶,全面加强学生思想教育和心理教育工作,增强学生学习主动性,并将学业预警工作状况和工作成效作为教学管理和学生管理工作考核的内容之一。

中国药科大学将学业预警概括为学校依据学籍管理规定和各专业培养计划要求,对学生可能或已经发生的学习问题和学业困难进行警示,并有针对性地采取相应补救和防范措施,帮助学生完成学业的一种危机干预制度。在中国药科大学《学业预警工作管理办法》中将学业预警分为四个等级,如必修课程未获学分累计≥5学分为黄色预警,必修课程未获得学分累计≥10学分为橙色预警,必修课程未获得学分累计≥15学分为红色预警,必修课程未获得学分累计≥20学分为退学警示。其中,黄色预警、橙色预警、红色预警每学期开展一次,退学警示每学年开展一次。同时细化了学业预警的工作流程,并将其细化为七个步骤:一是确定名单,二是下达通知,三是警示谈话,四是联系家长,五是寄发通知,六是警示面谈,七是建立档案,最终实现帮助学生顺利完成学业,提高本科教育质量的目标。

华东师范大学对本科生学业预警管理办法进行了修订完善,借助本科教务系统、学生管理系统等信息化手段,对学生在校期间的学习情况和学习成绩等信息进行实时跟踪,建立相关管理机制,实现对学业存在困难的学生提出警示。预警条件分为三条:一是自入学起至毕业学年前一年,累计获得学分低于培养方案规定总学分的。二是绩点未达到学士学位授予要求的。三是其他预计会导致毕业延期的情况,如必修课未按照计划学期修读或选课学分过少。要求学部(院系)应掌握学生的学习情况,了解学生学业困难的原因,建立学业预警的跟踪档案,并与家长联系,争取家长的配合,家校合作共同改进学生学业状况。大学生学业指导中心也应开展各种活动,改进学生学习方法,改善学生学习状态。

东北师范大学按照情节轻重程度将学业预警分为学业警示和退学警示。符合以下情况之一者将予以学业警示:上一学期有2门必修课补考后仍不及格;在校期间必修课不及格门数累计达到3门;在校期间所获得课程学分数未达到所在专业同一年级学生获得课程平均学分数的80%。有如下情况之一者将予以退学警示:上一学期有3门必修课补考后仍不及格;在校期间必修课不及格门数累计达到6门;在校期间所获得课程学分数未达到所在专业同一年级学生获得课程平均学分数的70%。学生初次达到退学警示级别一年后,再次受到退学警示,将予以退学处理。学院(部)党政联席会制定帮扶方案,每学期对学生进行针对性的学业帮扶。并且要求帮扶方案至少包含对预警学生进行警示谈话,与家长及时进行沟通,留存相关记录,形成学业预警档案等措施。

可以看出,一流大学较为重视学业预警的作用,基于不同视角和目的出发,一流大学对学业预警的内涵也具有不同理解。多数一流大学将学业预警视为一种针对性强的、帮助学生完成学业的防范措施。而且,在学业预警办法中,一流大学往往以不同颜色区分学业预警等级或直接用学分、绩点规定学业预警条件。在细分学业预警具体情况的同时,也充分考虑学生的学习实际,紧密联系课程学分,通过建立学生学业预警档案,掌握学生的学习情况,增强学生学习主动性,进而帮助学生顺利完成学业,提高本科教育质量。个别学校则按照情节轻重程度把学业预警分为学业警示和退学警示,但学业预警的标准、条件、目标和措施大同小异,注重学生思想教育和心理教育,要求形成家校合力,共同改进学生学业状况。

(二) 地方高校的学业预警机制

基于学业预警概念产生的视角来看,学业预警制度率先在地方高校建立。随着发展的深入和提高人才培养质量的需要,不同高校对学业预警产生了不同的理解,地方高校在结合学校发展实际的过程中也赋予了学业预警新的内涵。当前,地方高校的学业预警机制与一流大学的学业预警办法略有不同,主要集中在学业预警管理和学业警示工作等方面。

黑龙江大学结合《黑龙江大学学生管理规定》制定了《黑龙江大学学业预警管理办法》,认为学业预警是通过对学生学习过程中各项预警信息的监控、归纳、分析、汇总,对可能导致学生不能按时按量完成学业的情况予以警示的制度。按照预警内容分为考勤预警、学分预警、成绩预警、毕业预警、异动预警和处分预警六部分,并汇总为综合预警指数,直观呈现学生学业状态。学业预警六大部分每项又具体分为绿、蓝、黄、橙、红五级预警指标等级,绿色为正常状态。其中,考勤预警、处分预警、异动预警的数据随时变化更新,为动态预警,学分预警、成绩预警、毕业预警的数据在固定时期变化更新,为静态预警。同时要求除绿色预警无须关注之外,教育管理者应针对不同的预警状态采取不同的工作方式。蓝色预警必须完成,预警提醒、辅导员约谈,黄色预警的操作要求在蓝色预警之上,除蓝色预警的要求外,学生还需提交个人学习计划,橙色预警的操作要求在黄色预警基础上增加反馈家长这一流程,红色预警的操作要求和橙色预警的步骤一样。此外,《黑龙江大学学业预警管理办法》还对学生学业预警分类的定义、记录原则进行了规定,从预警等级、预警内容方面细化了预警信息,增强了学业预警的可操作性。

成都大学把学业预警分为普通学业预警和严重学业预警两大类别,认为学业预警是每学年结束后对上一学年未能达到学校规定的学业修读要求的学生给予及时学业预警通报,并作出相应学籍处理的预防管理制度。非毕业年级学生,每学年获得学分未达到该学年应修总学分的85%者将收到普通学业预警,学院将书面告知学生及家长,进行学业修读警示,并指派教师进行谈话,制定相关改进举措,提高其学习效率和质量。非毕业年级学生,每学年获得学分未达到该学年应修总学分的50%者,或毕业年级学生,毕业学年前获得学分未达到教学计划规定毕业最低学分的80%者将收到严重学业预警,学院会书面告知学生及家长,指派专门教师进行谈话指导,将学生编入下一年级同专业学习。如果被编入下一年级后,仍不能按教学计划规定完成相应学年学业修读计划,再次被学业预警者,予以退学处理。随后,为提高学业预警制度的可操作性,成都大学制定了《成都大学学生学业预警实施办法补充细则》,对学业预警学生编入下一年级同专业学习的程序、教学和日常管理等内容作了详细说明。

内蒙古工业大学将学生学业预警定义为以学生的学习过程为监控目标,针对学生学习上出现的问题或危机,进行有效干预,及时提示、告知学生本人及其家长可能产生的不良后果,劝导学生纠正学习行为偏差,通过学校、家长、学生之间的沟通与协作,帮助学生顺利完成学业的一种信息沟通和危机预警制度。根据学生上课出勤情况和学生在校学习情况的严重程度,将学业预警分为学业警示、退学警示、退学三个预警等级。在《内蒙古工业大学本、专科学生学业警示工作管理办法》中,学业警示是指学校依据学籍管理的有关规定和各专业培养方案的要求,每学期进行学生课程学习情况统计分析,对可能或已经出现学业问题的学生进行警示,将可能产生的不良后果告知学生本人及家长,并有针对性地采取干预措施。而学业警示又分为三个等级:第一等级是在大一第一学期,未通过考核的审核课程总学分≥10学分或开学补考后,未通过考核的审核课程总学分≥20学分的学生予以黄色警示。第二等级是其他学期开学补考后,未通过考核的审核课程总学分≥50学分或处于黄色警示等级的学生,在给予警示一学年后,开学补考后未通过考核的审核课程总学分≥20学分的可予橙色警示。第三等级是在开学补考后,未通过考核的审核课程总学分≥80学分或处于橙色警示等级的学生,在给予警示一学年后,开学补考后未通过考核的审核课程总学分≥50学分的可予红色警示。

多数地方高校把学业预警视为一种学业警示制度,区别在于有的学校将学业预警分为动态预警和静态预警,有的学校将学业预警分为普通学业预警和严重学业预警。在表述上,高校对学生学业的重视程度越高,学业预警制度的警示作用越明显。而且,地方高校更为重视学业预警的可操作性,细分了学业预警的群体,要求教育管理者针对学生不同的学业预警状态采取不同的工作方式。在学业预警措施上,地方高校更为注重辅导员约谈和教师学业指导作用,同时要求学生自己制定个人学习计划,以提高学生学习的自主学习能力。此外,地方高校的学业预警等级、预警内容更为详细,重视学校、家长、学生间的沟通协作,以监控学生学习过程为目标,强调制度干预的有效性。

(三) 本科学院的学业预警制度

湖南理工学院明确表示学业预警不属于处分,将学业预警定义为学校根据学生管理规定、学籍管理规定、学位授予实施细则以及各专业培养计划的要求,通过对学生每学期的学习情况和学业困难进行警示,告知学生本人及家长可能产生的不良后果,并有针对性地制订相应补救和帮扶措施,帮助学生顺利完成学业的一种危机干预制度。同时将学业预警分为学分预警和毕业预警,学分预警是指一学期内出现一定程度的学分欠修或者累计欠修学分达到一定数量者,应给予预警,告知可能出现的后果。毕业预警是根据对学生成绩的分析,对可能出现的无法按时毕业或获得学位的学生给予预警,告知可能出现的后果。学分预警从低到高分为三级,依次为蓝色预警、黄色预警和红色预警。如学生在校学习期间,一学期欠修学分5分(含)以上8分以下者,或新生第一学期出现两门不及格者,或累计欠修学分10分(含)以上15分以下者,给予蓝色预警。一学期欠修学分8分(含)以上12分以下者,或累计欠修学分达15分(含)以上20分(含)以下者,给予黄色预警。一学期内欠修学分达到12分(含)以上,或累计欠修学分20分以上者,给予红色预警。当学生在校学习三年后,存在因欠修学分(含任选课)等预期不能满足毕业条件,或因考试违规、课程成绩等预期不能满足学位授予条件者,将给予毕业预警。学业预警的工作程序主要有:确定学业预警学生名单,下达《学业预警通知书》,预警谈话,通知家长,家长面谈。

岭南师范学院将学业预警制度定义为学校依据学生管理规定、学籍管理办法及各专业培养计划的要求,通过对学生每学期的学习情况进行分析,对可能或已经发生学习问题、或完成学业有困难的学生进行警示,告知学生本人及家长可能产生的不良后果,并针对性地采取相应的指导和教育措施,帮助学生顺利完成学业的一种学业警告、信息沟通和教育帮助制度。学业预警的对象主要包括学位课程、毕业论文(或设计)和教育实习(或专业实习)的成绩低于70分的学生;非学位课程两门以上不及格的学生;旷课达12学时以上的学生;考试作弊的学生。具体分为三级学业预警体系:学生在校期间累计不及格课程门数达2~3门或在校期间累计旷课12~17学时将列入三级预警。学生在校期间非学位课程不及格门数累计达4门或在校期间累计旷课18~23学时以及学位课程、毕业论文(或设计)和教育实习(或专业实习)的成绩低于70分将列入二级预警。学生在校期间非学位课程不及格门数累计达5门及以上或在校期间累计旷课24学时及以上或考试作弊则会列入一级预警。学生学业预警反馈工作流程分为三步:一是每学期开学后三周内确定学业预警学生名单;二是下达《学业预警通知单》,二级学院对被预警学生进行警示谈话;三是通知家长,同时对被预警学生相关信息予以一定程度的保密。此外,岭南师范学院在《本科生学业预警实施细则》中对学生预警档案的建立、管理、保存也进行了说明,同时强调学业预警的学生,在本学年内原则上不宜担任学生干部,要求副院长、教务员、班主任、辅导员及时掌握学生的学习状况和学业完成情况,切实做好学业预警工作。

南京晓庄学院认为学业预警是一种学业危机干预制度,并按预警程度由低到高将学业预警分为一级预警、二级预警、三级预警三个等级。一学期内不及格课程门数≥2门的学生,入学以来累计不及格课程门数≥4门的学生,平均绩点低于2.0的学生,将给予一级预警,学院会把学业预警通知到学生本人。一学期内不及格课程门数≥3门的学生,入学以来累计不及格课程门数≥5门的学生,平均绩点低于1.8的学生,将给予二级预警,学院不仅会通知学生本人及家长,还会与学生面谈。一学期内不及格课程门数≥4门的学生,入学以来累计不及格课程门数≥6门的学生,平均绩点低于1.5的学生,则给予三级预警,除通知学生本人及家长外,学院还会与家长面谈。学业预警工作程序主要分为七步,包括确定被预警学生名单,下达预警通知书,警示谈话并协助被预警学生制订学习计划,通知家长,面谈家长,处理与帮扶,学业预警督查。

本科学院把学业预警看作一种危机干预制度,认为学业预警是针对学生学业困难的补救和帮扶措施。因学业预警事关学生顺利完成学业和学位授予,有学院直接将学业预警分为学分预警和毕业预警。在学业预警的条件上,多数本科学院和一流大学、地方高校类似,和学分、课程成绩以及其他学位授予条件高度关联,只是部分本科学院更为注重学分,少数更加侧重学时和成绩。在学业预警的工作程序上,各个本科学院根据自身办学实际需要,采取的流程之间存在较大差异,有的学院把学业预警的工作程序分为五步,有的学院将学生学业预警反馈工作流程分为三步,有的学院将学业预警工作程序分为七步,但基本遵循确定学业预警名单,下达预警通知书,警示谈话,通知或面谈家长的步骤,都看重警示谈话和家长监督在提高学生学习性投入的作用。

三、深化教育评价改革,加大本科毕业论文抽检力度

教育评价事关教育发展的方向。为保证本科人才培养基本质量,建设教育强国、办好人民满意的教育,中共中央、国务院印发了《深化新时代教育评价改革总体方案》,明确指出完善各级各类学校学生学业要求,引导学生树立良好学风,严格学业标准。本科毕业论文是检验学生掌握本专业理论知识、基本技能和创新精神的重要环节,也是检验高校本科教学水平和人才培养质量的重要指标。在教育部印发的《本科毕业论文(设计)抽检办法(试行)》中也要求加强和改进教育监督评估监测,保证学士学位授予质量,把好人才出口关。抽检结果将作为本科教育教学评估、一流本科专业建设、本科专业认证以及专业建设经费投入等教育资源配置的重要参考依据。《本科毕业论文(设计)抽检办法(试行)》的出台,对引导学生端正学习态度,回归本分,专注学业,培养学生学术诚信意识,进一步提升质量意识,建设高质量高等教育保障体系具有里程碑意义,得到了多个省市教育部门的积极响应。

《江苏省本科毕业论文(设计)抽检工作实施细则(试行)》规定,本科毕业论文抽检为合格性评估,抽检论文覆盖全省范围内所有本科层次高等学校及其本科专业,每年对上一学年授予学士学位的论文进行一次抽检,抽检比例原则上不低于2%,主要采取电子摇号方式随机抽取确定参检名单。每篇论文送3位同行专家评议,3位专家中有2位以上(含2位)专家评议意见为"不合格"的毕业论文,将认定为"存在问题毕业论文"。3位专家中有1位专家评议意见为"不合格",将再送2位同行专家进行复评。2位复评专家中有1位以上(含1位)专

家评议意见为"不合格",将认定为"存在问题毕业论文"。对连续2年均有"存在问题毕业论文",且比例较高或篇数较多的高校,予以通报,减少其招生计划,并进行质量约谈,提出限期整改要求。对连续3年抽检"存在问题毕业论文"均较多的本科专业,经整改仍无法达到要求者,视为不能保证培养质量,可依据有关规定责令其暂停招生,或建议省学位委员会撤销其学位授权资格。抽检结果将作为本科教育教学评估、一流本科专业建设、本科专业认证以及专业建设经费投入等教育资源配置的重要参考依据。

《江西省本科毕业论文(设计)抽检实施细则》规定,本科毕业论文一般每年10~11月份抽检一次,以随机抽检为主,重点抽检为辅,抽检比率不低于2%。对于上年度抽检有"存在问题毕业论文"的学科专业,或规模较大、重点建设、新增学士学位授权等需要重点监测的学科专业,将适度提高本科毕业论文的抽检比例。每篇论文送3位同行专家评审。3位专家中有2位以上(含2位)专家评议意见为"不合格"的毕业论文,将认定为"存在问题毕业论文"。3位专家中有1位专家评议意见为"不合格",将再送2位同行专家进行复评。2位复评专家中有1位以上(含1位)专家评议意见为"不合格",将认定为"存在问题毕业论文"。对连续2年均有"存在问题毕业论文",且比例较高或篇数较多的高校,省教育厅将予以通报,减少其招生计划,并进行质量约谈,提出限期整改要求。高校也会对有关部门、学院和个人的人才培养责任落实情况进行调查,依据有关规定予以追责。对连续3年抽检存在问题较多的本科专业,经整改仍无法达到要求者,视为不能保证培养质量,省教育厅将依据有关规定责令其暂停招生,或报请省学位委员会撤销其学士学位授权点。抽检结果将作为本科教育教学评估、本科专业认证、专业建设经费投入、招生计划分配、推免研究生比例、新专业申请、学位点申报等教育资源配置的重要参考依据。

在《福建省本科毕业论文(设计)抽检实施细则(试行)》中,省教育厅主要采取随机匹配方式组织同行专家对抽检论文进行评议,毕业论文分为"合格"和"不合格"两档。每篇论文送3位同行专家评论,3位专家中有2位以上(含2位)专家评议意见为"不合格"的毕业论文,将认定为"存在问题毕业论文"。3位专家中有1位专家评议意见为"不合格",将再送2位同行专家进行复评。2位复评专家中有1位以上(含1位)专家评议意见为"不合格",将认定为"存在问题毕业论文"。除按照盲审要求进行技术处理外,如抽检论文在送检前人为加工修改,将视为学术造假,论文直接认定为"存在问题毕业论文",并追究有关人员的相应责任。抽检有"存在问题毕业论文"的本科专业,下一年度抽检比例提高到不低于3%。对连续2年均有"存在问题毕业论文",且比例较高或篇数较多的高校,省教育厅将予以通报,调减相关本科专业招生计划,并进行质量约谈,提出限期整改要求。有关高校要对有关部门、学院和个人的人才培养责任落实情况进行调查,依据有关规定予以追责。对连续3年抽检存在问题较多的本科专业,经整改仍无法达到要求者,视为不能保证培养质量,省教育厅将依据有关规定责令其暂停招生,或由省学位委员会撤销其学士学位授权点。抽检结果将作为"双一流"建设成效评价、本科教育教学评估、一流本科专业建设、本科专业认证、招生计划分配、新专业申请、学位点申报以及经费投入等教育资源配置的重要参考依据;高校要将抽检结果纳入有关部门、学院和指导老师绩效考核等。

此外,四川省教育厅印发了《四川省本科毕业论文(设计)抽检实施细则(试行)》,把毕业论文抽检结果作为本科教育教学评估、一流本科专业建设、本科专业认证、专业建设经费投入、招生计划分配、研究生推免、新专业申请、学位点申报等教育资源配置的重要参考依据，同时与高校评奖评优以及绩效考核等挂钩。上海市教育委员会、上海市人民政府教育督导室印发了《上海市本科毕业论文（设计）抽检实施细则（试行）》，抽检结果将作为上海高校分类评价、本科教育教学评估、一流本科专业建设、本科专业认证、专业建设经费投入、招生计划分配、直升推免的研究生比例、新专业申请、学位点申报等教育资源配置的重要参考依据。

综上所述，随着高等教育培养规模的持续攀升，社会各界对本科生人才培养质量愈发关注，各省市以《深化新时代教育评价改革总体方案》和《本科毕业论文（设计）抽检办法（试行）》为指导纲领，结合地方实际，先后印发本科毕业论文抽检实施细则，从制度层面和技术设计上不断强化本科毕业生毕业论文（设计）的管理。尽管各省市制定的细则不尽相同，但总体上都在不断加大本科毕业论文（设计）抽检力度，严格把控毕业论文环节的质量管理，落实了教育部严格把好毕业"出口关"的总要求。各高校在建立健全本科毕业环节质量保障体系和提高人才培养能力方面做出了巨大努力。

第八章　提升地方高校本科生学业挑战度的路径

地方高校本科生学业挑战度的提升既要从激发学生学习的内生动力入手,又要从外在的学业压力出发,强化教师教学责任,引导教师潜心育人,完善与学生学习过程相关的考评体系,发挥学业管理制度的约束作用,提高课程教学质量,营造良好的学习氛围,激励学生学习。只有以学生学业为中心,兼顾大学生学习的内生动力和外在压力,才能确保学生学习性投入和质量,实现学业挑战度的提升。

一、学生回归常识,合理增加学业负担

人是高等教育活动的出发点和归宿,提升地方高校本科生学业挑战度的关键自然离不开发挥人的主观能动性。地方高校本科生学业挑战度的提升需要从学生学习入手,在激发学生学习动力、引导学生回归学习本位的同时,也需要增加学生学业负担,督促学生学习。

(一) 明确目标,激发学习动力

学习是学生的天职,但现实中学生自学能力较差,高校亟须引导学生回归常识,刻苦读书学习。本科生导师制在本科生学习、思考和研究能力的培养上,具有显著作用,被看作提高人才培养质量的有力抓手。因此,可以利用本科生导师制帮助学生明确大学学习目标和未来职业发展方向,端正其学习态度,消除"大学轻松论"带来的负面影响,培养学生的探索精神与自主学习能力。调查显示,学生学习动力更容易受到内在因素的影响,高校需要着重培养学生学习兴趣,提高学生学习热情,激发学生学习动力,发掘学生潜能,促进学生主动学习,并不断增强学生的创新能力与学业挑战意识。只有让学生回归学习、享受学习、乐于学习,才能使学生从内心深处接受学业挑战、主动发起学业挑战,进而最大化发挥学业挑战度的育人作用,真正实现学业挑战度的提升。此外,地方高校在针对学业挑战度的调查、研究、体系构建中,要鼓励学生参与,吸取学生的意见和建议,通过社团活动、社会实践项目、学习兴趣小组等形式发挥学生的主体作用,培养学生学术志趣,提高学生学习性投入,引导学生通过对自身学习过程的评价、总结、反思,强化学生的学习感悟与收获,丰富学生学习体验,增强学生学习的自信心。

针对地方高校本科生自学能力随年级的上升而递减的现象,同样也可以借助本科生导师制的积极作用,通过教师帮扶解决学生在学习上遇到的实际困难,增加师生互动,控制学

生学习过程的质量。还可以由指导教师在新生入学之初就为其提供详细的学习任务清单,引导学生明确学习目标和方向,帮助学生制定长远的职业生涯规划,使其以职业目标为学习导向,保持良好的学习状态。面对高年级学生缺乏学习动力的问题,教师应侧重训练他们的专业实践能力,增强学生综合素质,引导高年级学生进行有意义的学习和有质量的学习性投入,保障学生学习动力的持久性。而且,教师在深化学业指导的过程中应尽可能提供给学生运用专业知识解决现实问题的机会,启发学生对社会现实问题的思考和关注,提升学生的专业素养和核心竞争力,保障教师指导的效果和质量。在增强学生提升学业挑战度主动性的同时,结合学生自身兴趣特长和个人能力发展的现实需求,保障学习任务的挑战性、创造性、启发性,促进学生对学习质量的追求。此外,还可以通过思想政治教育培养学生的社会责任意识,提高地方高校本科生的社会责任感和使命感,引导学生以主人翁角色参与社会服务和校园建设,或通过团体竞赛以及先进班级集体建设增强他们的归属感、集体感、荣誉感,整体提升他们的学习满意度和专业认同,实现被动学习向主动学习的转变。

(二)合理"增负",督促学生学习

高质量的学习性投入和具有挑战性的学习任务,可以丰富学生的学习经历与收获,对本科生学习具有积极的激励作用。给大学生进行合理的"增负",施加适量的学习压力,不仅可以唤醒学生的学习动力,也为地方高校本科生学业挑战度的提升创造了条件。当前高等教育国际化趋势日益明显,双一流建设打破了原有的高等教育资源竞争格局,对高等教育优质资源的竞争愈发激烈。对地方高校而言,服务社会需求,提高教育质量,走内涵式发展道路是适应新时代背景发展的主线,亟须提高本科生学业挑战度保障高等教育质量。面对学生学习性投入随年级的上升而逐渐递减的现象,地方高校需要利用学习性投入与学习满意度的正向关系,将外部的生存竞争压力通过课程的严格要求转移给学生,通过高难度的课程学习任务,逐年增加学生学习性投入,刺激学生学习,增强学生就业能力,提高教育质量和口碑,赢得社会用人单位和家长的满意度。还可以将课程质量建设作为人才培养的基准,注重学生日常学术写作能力的训练与积累,提高本科生毕业论文的质量和水平。

本科毕业率是反映高等教育质量的重要指标,体现了高校颁授学位和文凭证书的学术要求和"高深学问"的严肃性,揭示了高校的教学质量管理水平。调查结果显示我国地方高校本科生毕业率高达98%以上,淘汰率过低,而美国高校本科全毕业率只有50%左右,由此看来,与美国相比,我国地方高校大学生毕业标准过于简单,亟须严格把好人才培养的"出口关"。根据地方高校本科生结业和申请延迟毕业的主要原因进行分析,一方面,地方高校需要提高学士学位授予的标准和毕业要求,适当调整省计算机水平考试的合格率和全国大学英语四级考试的最低分数要求,增加学位授予的难度和挑战度。另一方面,地方高校要强化毕业论文和实习考核的综合育人作用,提高毕业论文的审查门槛,将"增负"落到实处。就本科生自身层面来看,外部的学习压力主要有就业、毕业、升学压力,而不同年级不同专业甚至不同家庭背景的学生都面临着不同的压力,要想将学习压力转化为学习动力,需要师生共同努力。教师可以适当提高学生学术论文或研究报告的阅读量,传递积极期望,引导学生进行深度学习,培养学生发现问题的意识,学生自身也需要主动关注就业市场的信息变化,树立危机意识,回归学习初心,不断提高专业素养和能力,弥补自身能力的不足,为将来就业做好充分的职前准备。

二、教师回归本分,潜心教书育人

教育大计,教师为本。教师承担着教化育人的基本职能和使命。地方高校本科生学业挑战度的提升自然离不开教师的主导作用,需要发挥教师教学主体责任,引导教师回归育人初心。

(一)回归本分,强化教师教学责任

社会对大学寄托着能够教好学生的期望,而且公众和学生也认为大学教师应该主要致力于教学,现实却是大学教师将大量的时间和精力投入到了学术研究上。随着大学功能的扩展,重科研轻教学的导向进一步淡化了教师作为教学者的责任意识,地方高校教师必须重视教学,回归本分,提升教学技能,做好教书育人的本职工作,转变"重科研轻教学"现象。习近平总书记强调立德树人是我国教育事业的根本任务,是检验高校教育教学工作的根本标准,课堂教学作为实现立德树人的主要途径,需要教师回归教学本身。教师的首要任务和责任是教学,面对高等教育普及化带来的挑战和冲击,高校教师不仅要主动承担本科教学的使命和责任,还要强化教学责任意识,端正教学态度,树立终身学习理念,提高自身教学技能,保障教学效果和质量。立德树人的关键在于强化师德师风建设,落实教师教学责任,提高教师教学质量。深化高校职称制度的改革,强化对师德师风的考评,拓宽教师职业发展的通道,同时对教师专业能力的发展也提出了新的要求。在新时代提高人才培养质量的强烈要求下,教师需要处理好教学与科研的关系,精选和精练教学内容,掌握有效教学的方法,提高教学效能。教师也要重视本科教学这一基本工作,利用多媒体信息技术创新教学方式,优化教学方法,提高课堂教学内涵,全面提升学生学习品质。面对学生对课程要求越严的教师评价越消极的抵触现象,任课教师更要坚守本心,强化对学生培养的责任态度,严于律己,不断提高自身修养,以专业的知识基础和良好的师表形象赢得学生的尊重和喜爱。此外,在专业实习和毕业论文指导验收环节,要明确教师的责任和义务,严格把关审核要求,确保学生实习水平和毕业论文质量。

(二)远离浮躁,引导教师潜心育人

高校教师只有远离社会的浮躁与喧嚣,排除外界功利因素的干扰,静心从教,潜心育人,才能将有限的时间和精力投入到教学中,促进教学效率的提高,提高教育教学质量。引导教师潜心育人,需要高校关注学生的兴趣和需要,鼓励教师加大对本科教学工作的投入,落实教授给本科生上课,提高课程质量与水平。一方面,地方高校要为教师安心从教、热心从教创造良好的外部环境,另一方面,要发挥课堂内师生共同体的积极作用,以情感为纽带激励教师潜心育人,享受为学生上课的乐趣。在教师职称评聘方面,可以将本科教学任务和效果

纳入晋升评聘的条件,并提供专项资金支持,提高教师教学补助,激励教师安心教学,潜心育人。在科研方面,可以加大对教学研究经费的支持力度,鼓励教师组织和创建优秀教学团队,引导教师扎根教学一线,提高教师在教学实践中发现问题、分析问题、研究问题、检视理论、勇于创新的能力,达成教学和研究的契合。在教师绩效考核方面,可以量化教学工作指标,将教学绩效纳入教师考核的评价指标,完善"教学型"教师的晋升考核制度,扩大教师在教学上的参与范围和投入力度。还可以从师德的塑造和监督入手,加大师德培训力度,提高教师职业道德素养,让教师恪守职业道德标准,做到爱岗敬业,自发践行潜心育人行为。现实中,高校教师身兼教学和科研的双重任务,通过潜心育人,教师向学生传授了学术前沿热点知识,有助于教师学术理念的创新和科研成果的普及,满足了教师获得感和幸福感,提升了教师的生命价值。教学是科研的根基,教师在教学实践中生发了新的研究问题,是教育课题的主要来源,有助于指导和推进科研的发展,丰富了教学的内涵和质量。因此,地方高校需要为教师搭建实现学术理想和教学实践的多元平台,借助考察、研讨、讲座、培训、访学、名师示范、现场观摩等方式,鼓励教师潜心育人,主动开发教学内容,参与教材的编写,培养教师教学兴趣,避免职业倦怠,满足教师实现自我价值和职业成长的需要。

三、严格教学管理,完善学业考评机制

严格的教学管理是保证教学质量的关键环节,也是高质量教学的前提。从国外高等教育质量保障的有益经验来看,地方高校本科生学业挑战度的提升既需要凭借教学管理的制度约束,提高学习难度,又需要优化教学评价环节,构建完善的学业考评机制,为提高高校教学育人能力奠定基础。

(一) 强化制度约束,提高学习难度

严格的教学管理,规范了教学秩序,为提升教学质量提供了制度保障。一方面,强有力的教学管理制度有助于端正学生的学习态度,增强学生的挑战意识和挑战能力,促进学生综合素质的提高与职业能力的成长;另一方面,高标准的毕业制度约束和要求还可以提升毕业生学位文凭的含金量,维护高校社会形象。调查显示,地方高校本科生的学习状态和学习性投入会受到教育政策的影响,43.1%的学生认为取消清考制度能够激励他们主动学习,因此,还需要加大与学业挑战度相关政策、制度的宣传普及,进一步发挥好教育政策的警示作用。需要在日常教育活动中注重培养学生的高阶思维能力,严格实行毕业论文(设计)抽检和盲审制度,提高课程论文或报告的质量要求,加大抽检力度,增加学习任务和课程考试难度。从学生申请修业年限以及结业的原因统计来看,不少学生存在挂科现象,在毕业论文、专业实习、省计算机水平考试、全国大学英语四级考试、培养方案中最低学分标准等方面存在忽视,说明地方高校需要深化培养方案在学生培养过程中的方向性作用,及时向学生宣传普及学位授予标准以及专业培养目标,明确学生学习任务。在德国教育学家包尔生看来,学生在看待自己的大学生活时,获得荣誉十分重要。而调查显示,获得国家级奖励的学生学业

挑战度总分最低，未获得奖励的学生学业挑战度总分最高，因此，需要适当提高国家级荣誉在优秀本科生心目中的挑战性，扩大院校级学业奖励在本科生中的适用范围，使努力学习的后进生也能获得奖励和认可，发挥荣誉的驱动作用，激励学生学习。

当下，已有高校对学分不达标的本科生试行了本科转专科制度，这一制度的成功经验能够激发学生努力学习和精力投入，值得地方高校学习借鉴。只有教师用心教，学生努力学，辅以奖惩结合的制度约束，才能起到良好的学习效果，实现学业挑战度的真正提升。课程建设要围绕学业挑战度提高课程质量标准和课程能力要求，打造高质量的精品课程，课程内容要注重学生未来就业所需专业能力的对应衔接，强化专业知识的实用性。教学经验丰富的教师要对新进教师进行教学技能的指导培训，帮助他们快速成长，新进教师要积极参加教学技能培训和进修，增长教学经验，丰富教学技能。同时地方高校应鼓励师生在课后进行交流研讨互动，为学习困难的学生提供方法上的指导，强化学生在学业指导、教育经历、师生关系方面的感受，提高学生的学习满意度。此外，要坚决取消清考制度，完善学业预警制度，建立学业预警档案制度，发挥教师谈心谈话和家长的学业监督作用。最后，还要严格控制学位授予率和本科毕业率，完善学生学习过程的管理，定期考查学生课程学习任务和毕业标准的匹配，消除本科毕业生因公选课、选修课学分不够或延迟毕业未交费注册等原因而导致结业的现象。

（二）完善考评机制，重视过程考核

重视学生学习过程考核，建立完善的学习过程考核评价体系对学业挑战度的提升尤为必要。对学业挑战度进行全面发展动态的过程考核，有利于客观反映地方高校本科生真实学习经历和高校教育质量的总体水平，进而为优化高校育人质量提供思路。目前，我国地方高校本科生学习质量的评价重点仍以结果性评价为主，侧重学生学习成绩，对学业挑战度和学生学习过程考核存在忽视，学生学习的努力程度没有得到应有的肯定，考核重点也没有聚焦到反映学生知识、能力、素质的学习过程，难以全方位考量学生学习质量和效果。学业挑战度作为反映学生学习性投入和高等教育质量过程考核的关键内容，是学生学习经历的综合反映，需要引起高校重视。

一方面，地方高校可以将提升学业挑战度的任务目标明确纳入大学课堂教学大纲，鼓励教师引导学生学习，提高学生学习满意度和自学能力，保障教学效果和质量。另一方面，可以改革现有的考试制度，利用多次考试、中期考核等方式，帮助学生周期性梳理知识体系，在巩固专业基础知识、训练应试技能的同时注重其综合素质的培养。调查显示，多数学生认为考试可以更好地激励学生学习，因此，在考试评价上，要摒弃师生传统落后的功利性观念，不能以分数、升学、论文作为学习质量评价的标准，而要提高学生的课程能力要求，注重对学生知识迁移和分析运用能力的考察。针对学生阅读量偏少的现状，可以在课堂教学或期末课程考试中明确写作、阅读任务要求，提高学生的阅读量、写作量，开阔其学术视野，锻炼他们的写作表达能力，让学生感受到紧张的学习压力，保持高效的学习状态。只有强化学习过程考核对人才培养目标的审视作用，将学业评价考核内容覆盖学生学习的全过程，兼顾学生综合素质和专业实践技能的培养，才能引导学生正确学习，将知识转化为能力。

还要将提升学业挑战度的目标融入到地方高校本科生的培养方案内容中,培养学生的学业挑战意识,提高学生学业挑战能力,并定期监控跟踪学生学业挑战能力培养目标的达成。比如通过大量富有挑战性、创造性的学习任务,利用社会实践以及各类竞赛平台,结合物质与精神奖励,鼓励学生大量的学习性投入,提高其学习满足感和成就感,充分发掘他们的学习动力和潜力。在教育质量评价环节,结合学校教学质量自查的基础上,借鉴国外第三方评估经验,坚持以学生学习为中心,遵循"以生为本"理念,由专业评估机构对学生学习过程和质量进行全方位考核,重视考查学生的学习性体验和收获。在课程设置和专业建设上还需要对接就业市场需求,及时更新课程教材内容,立足社会职业要求保障教师教学质量和学生学习质量,促进学生全面而有个性地发展。

四、深化教学改革,提高教学质量

教学作为一种人类特有的人才培养活动,是学生获取知识发展能力的重要途径。改造传统教学方式,提高学习强度,建设一流高品质课程,有助于提高课程教学质量,深化教学改革进程,不仅是提高本科生学业挑战度的教学质量的基本举措,也决定着高校未来发展的核心竞争力。

(一) 改造传统教学,提高学习强度

要想提升本科生学业挑战度,保障人才培养质量,构建适应社会需求变化的德智体美劳全面发展的教学体系尤为重要。教学方法陈旧是制约我国高等教育质量提升的重要因素之一。地方高校需要创新改革教学方法,改造传统教学模式,提高课程吸引力,激发学生的学习积极性。首先,可以集中优势资源,搭建好教育现代化的硬件平台,规范专业设置和管理,进行专业结构的升级优化,提高专业设置和产业发展匹配度。其次,要提高学生的学习强度,延展学生有效学习时间,加强学生课外延伸阅读和写作训练,促进学生科研能力的提高。再次,可以借助现代教育技术改造传统的教学模式,利用互联网手段和翻转课堂,丰富课堂教学效果,推动大学教学改革进程。同时鼓励教师创新教学理念,采取线上线下结合的教学形式,突破教学场域的局限,打造自由、充实、高效的新型教学模式,引导学生积极学习,提升素质。面对教学改革的持续深入和教材内容的不断更新,教师要改进当前的教学手段,提高教育技术应用能力和信息化教学水平,适应信息技术的发展,推动本科教育教学改革创新,提高教学质量。在课堂教学改革方面,要围绕培养学生创新意识和实践能力为核心,提高学生的学习兴趣,侧重培养学生适应社会发展的关键能力。此外,还需要建立科研反哺教学机制,将科研成果转化为教学内容,发挥科研的教学育人价值,满足学生个性化、多样化学习的需要。在知识传授的同时更要以解放学生、发展学生为目标,重视学生心灵的唤醒和人格的培养,实现师生共同发展。最后,要严明教学纪律,通过加强对教师备课和教案的检查,规范教师教学管理工作,引导学生自觉尊重维护课堂教学秩序,优化教学环境。

(二)聚焦课程建设,打造一流课程

课程建设作为高校教学建设的基础,是提高教学水平和人才培养质量的重要保障,处于本科教育的核心地位。具有高阶性、创新性、挑战度的课程才是高质量的"金课",本科一流课程建设的实施体现了提升学业挑战度的核心内容,学业挑战度的提高需要淘汰"水课"、打造"金课"。而且高质量的课堂教学,课程能力要求也较高,间接增加了学生在预习、复习方面的学习时间投入,有助于促进学生主动学习。因此,教师在课堂教学过程中要明确提升学业挑战度的目标,锻炼教学技能,增强教学素养,提高课程品质,开发精品课程。教师教学过程中坚持"学生中心""质量至上"是建设"金课"的关键。地方高校教师可以学习英国高等教育质量保障经验,坚持以生为本,在课堂教学中尽可能反映学生真实的学业水平,重视学生学习体验。还可以借鉴美国大学学习和高等教育质量保障经验,在教学质量标准建设上要因地制宜,结合地方特色,坚持独特的理念和文化,提升课程品质,侧重学生素质的培养和潜能的开发。一方面,课堂教学要围绕增强学生学习兴趣和动力为核心,在打造特色精品课程的同时提高学生学习成效;另一方面,课程内容要对接地方经济发展需求,体现课程价值,并不断升级改造传统课堂教学,提高课堂教学水平,促进课堂教学内涵的提升,保障教学效果。在教学方法上,也可以通过开展小班教学、协同教学、探究式教学等新型的课堂教学模式,提高课程教学吸引力和学生学习注意力。课堂教学质量的建设要保持开放性,共享优质资源,丰富课程体系设计,促进教学质量的整体提升。比如通过校企合作、产教融合,深化协同育人机制,课程内容应与行业、企业标准对接,共建高质量产业课程,在服务地方建设的过程中提升人才培养质量。此外,教师本身也需要与时俱进,不断增强自身教学技能和专业素养,可以通过教学质量的自查和第三方专业机构或专家的评估反馈,及时进行教学经验的总结反思,保证课堂教学效果,全面提高课程建设质量。

五、强化组织保障,营造良好氛围

保证与提高人才培养质量,应当包括高等教育所有的要素、功能和活动的全面协调,以及教育资源的有效配置与优化。有效的组织保障措施对提升本科生学业挑战度、全面提高人才培养能力至关重要。地方高校需要为学业挑战度的提升提供必要的保障措施,营造良好的学习文化氛围。

(一)加强教师队伍建设,完善人才培养体系

习近平总书记在北京大学师生座谈会上指出,缩小我国大学与世界一流大学差距的关键是要形成高水平的人才培养体系。地方高校人才培养体系主要涉及教学活动的师生主体和教学资源支持以及培养质量的保障三个方面。高质量的教师队伍对高校人才培养起着支撑作用。首先,地方高校要规范教师的岗前培训,为新进教师提供专题研修和教学能力提升的机会,加强教师队伍建设,全面开展教师教学能力提升培训,促进教师快速成长。比如通

过教学技能竞赛提高教师的教学能力,或邀请教学名师分享教学技巧和经验,促进教师教学技能和素养的提高。还可以通过严格要求与重奖激励的结合,实施优秀教师奖励和进修制度,引导教师在教育教学方面的投入,聚焦本科教育教学的改革和创新。同时也要加大力度资助培育优秀教学团队建设,制定优秀教师队伍的成长计划,提高教师人才培养能力以及教师队伍的素质和质量。其次,在人才培养质量保障方面,要坚持问题导向,以学生学习为中心,强化复合型人才培养观念,重点培养学生独立思考能力、理性批评能力和终身学习能力,坚持本科生人才质量标准,贯彻严进严出要求,改变大学消极学习的现象。此外,教师要牢固树立人才培养意识,将人才培养的内涵建设体现到学生的学习成果之中,针对因故申请延迟毕业和结业的学生群体要明确学生的培养目标和定位,加强对此类学生学习的质量监控,保持人才培养过程的完整性,优化完善人才培养体系,确保学业挑战度的提高和人才培养质量的实现。从新一轮普通高等学校本科教学工作审核评估范围来看,在教学资源方面,地方高校要加大对教学经费的投入,合理分配相关教学资源,更新教学设备,优化教学信息化条件,满足教师提高课程高阶性、创新性、挑战度的需要。在质量保障方面,要凸显地方高校在高质量人才培养中的审核把关作用,构建完善的人才培养质量信息分析、反馈、评价机制,优化高校人才育人能力和效果。

(二) 提高学生自学能力,营造良好的学习氛围

与中学繁重的学业任务和学业压力相比,大学的学习环境和要求迥然不同,大学生拥有更多自由学习的时间和自主支配课余时间的权利,因而,大学的学业任务对学生自主学习能力要求较高。大学生自身的学习活动也是影响高等教育质量的重要因素之一,学习氛围则对学生学习性投入具有直接影响。习近平总书记指出:"职业教育是国民教育体系和人力资源开发的重要组成部分,要着力提高人才培养质量,营造人人皆可成才、人人尽展其才的良好环境,努力让每个人都有人生出彩的机会。"这句话同样也是本科教育的前进方向。面对大学新生入学后遇到的各种学习困难,地方高校应转变学生的学习风格,着重培养学生的自学能力,尽可能延长图书馆、自习室、行政办公室、电子阅览室等学习场所的开放时间,为学生学习提供软硬件上的支持,创造良好的学习条件,鼓励学生刻苦学习,提高学生学习性投入。既要让学生学会高效听课,又要让学生学会知识的整合,掌握科学的学习方法,懂得在记忆的基础上进行知识的理解和运用,并及时排解学业压力带来的负面情绪,引导学生保持积极向上、稳定持久的学习心态。在质量文化建设上,可以营造积极向上的课堂文化与寝室文化,发挥班干部的榜样作用以及班集体的榜样力量,塑造良好的班风形象,挖掘学习氛围的潜在育人价值。还可以通过主题班会强化挂科以及结业的警示教育作用,引导学生在学习上严格要求自己,营造良好的学习氛围。一方面,可以借助信息技术手段,开展作业内容相似性检测,严格课程论文的查重与抽检,规范毕业论文的盲审和答辩流程,推广应用本科毕业证降级管理制度,确保学生学习质量。另一方面,可以发挥舆论导向作用,严格执行考风考纪制度,加强学风建设、诚信教育和学术道德建设,引导学生刻苦读书,努力学习。此外,地方高校还需要加大对学习研讨型社团的扶持力度,有针对性地对学习困难学生开展精准帮扶活动,丰富学生学习活动的形式和内容,促进学习困难学生的学业进步。最后,地方

高校要将营造良好的学习氛围作为校园文化建设的中心,将学生学习融入大学发展环境和办学理念,调整学士学位授予的标准与课程学习任务的要求,培养学生综合素养以及就业能力,提高学生学习性投入和学校满意度。

六、重视主体地位,构建普及化的质量标准

在小学阶段的教育教学中实现学生的主体地位,引导学生主动发展,是培养学生创新精神与创造能力的基础和前提,是素质教育的进一步深化。而社会对大学生的创新精神和创造能力有着更高期望,因此,地方高校同样需要尊重学生主体地位,高度重视学生学习。面对高等教育普及化阶段质量观念的落后,在提升学业挑战度的同时,还需要构建适应普及化时代发展并彰显地方特色的高等教育质量保障体系。

(一) 尊重学生主体地位,提高学生学习水平

确立大学生主体地位既是马克思主义人本观念的具体体现,又是社会主义市场经济的基本要求。大学生主体地位是否得到体现和尊重对于高校培养人才质量的高低起着重要的作用。地方高校受传统儒家文化重传统、重权威的价值取向和师道尊严的观念过于强调教师地位而使学生处于被动地位,影响了学生主动性、独立性和自觉性的培养,造成大学生主体地位在高等教育活动的缺失。在课堂教学活动方面也仍以满堂灌的教学方式为主,不利于知识的传授和学生对知识的理解与掌握。地方高校学业挑战度的提升亟须牢固树立以学生为中心的办学理念,尊重学生的学习主动权,将课堂归还给学生,重视学生学习,正确认识大学生在地方高校的主体地位。一方面,地方高校教师需要帮助学生树立坚定的理想信念,明确学习目标,提高学生文化素养,满足学生多元学习需求。另一方面,教师要开展多样的主动式教学改革与创新,增强课堂教学内容的吸引力,提高学生学习兴趣,丰富学生学习体验,消除学生因学业负担的增加而产生的抵触心理。与基础教育相比,大学的学习内容、学习方式、生活方式和学习目标都发生了深刻的变化,学习环境宽松,可自由支配的学习时间较多,增大了学生学习的主动性。因此,大学生需要树立主人翁意识,主动学习,提高自学能力,及时适应新的学习环境和要求。地方高校要围绕人才培养质量和市场就业目标方向设计挑战性的学习任务,善于启发引导学生,培养学生学习的积极性,为学生实践创新能力的训练和培养搭建良好的练习平台,推动学生成长成才。还可以开拓学生思维和眼界,实行灵活多样的人才培养模式,突出学生解决问题的水平,促进学生专业知识的内化和吸收,扎实学生专业基础。

(二) 兼顾规模和质量,构建普及化的质量标准

地方高校本科生学业挑战的提升需要适应高等教育普及化的时代发展,在兼顾高等教育规模和质量的同时,正确引导学生学习,提高学生学习质量,树立"既做大又做强"的精英高等教育质量观。面对高等教育普及化背景下学生学习的新特点、新变化、新需求,地方高

校要坚持以学生发展为本,注重学生个性发展,释放学生潜能,打造高质量的"金课"激发学生的学习动力和专业兴趣。我国高等教育的发展方式已从规模扩招转向内涵建设,因此,地方高校要有长远眼光和危机意识,扩大对外开放程度,借鉴国际经验,开发基于中国学生学习体验的评价指标和评价量表,全面客观地呈现高校人才培养效果,并不断优化人才培养结构,提高育人质量。作为教学质量评价的主体,地方高校要进一步明晰质量标准,立足地方高校教学育人实践,发挥专业特色,以侧重学生学习和收获的新教育理念引领课堂教学改革,研制定量与定性相结合的科学的评价指标体系,为学生提供优质教育体验,培育学生主动学习的精神,提高内部教学质量评价体系的科学性和有效性。而且地方高校要积极作为,以建设高水平、高质量教育为目标,重视学生学习结果和全面发展,严格高等教育普及化后的质量标准,强化学生参与,启迪学生学会学习,张扬个性。从高等教育资源需求来看,需要发挥地方高校的优势与活力,整合拓展现有的教育资源,围绕学生学习成效这一核心任务,关注学生求知、成长、就业,构建政府、高校、社会共同治理的高等教育质量保障机制,满足社会对高等教育普及化后多样、优质的教育资源需求。总之,高等教育的高质量发展对推进高等教育现代化具有不可替代的重要意义,在高等教育普及化阶段,高等教育保障体系既要强调质量和标准,又要强化高等教育质量治理环节。只有构建具有中国地方特色的多元化的高等教育质量评价标准和机制,打造德智体美劳一体化的教育体系,才能在有限的时间内为提高本科生学业挑战度和高校人才培养能力创造相对更好的条件。

第九章 结论与展望

一、结 论

本书在基于地方高校本科生学习经历的问卷调查和毕业生毕业、学位资格审核简况的文本分析基础上,理论联系实际,对地方高校本科生学业挑战度的提升研究相对深入,在一定程度上有助于丰富我国学业挑战度理论体系的内涵。笔者认为通过学校氛围、学习性投入、课程能力要求、学习满意度的诊断和提高,可以充分反映地方高校本科生真实的学习情景和收获。本书的主要结论如下:

学业挑战度产生的是以学生学业问题为前提的,学业挑战现象在古代就已存在,并不是现代大学的专属。当前我国存在中小学学生学业负担和课业负担过重,大学生学业任务过于轻松的问题,严重影响人才培养的质量,制约我国教育事业的发展。伴随学业负担和课业负担研究的发展和丰富,在教育领域"增负"与"减负"的博弈中,推动了大学生学业"增负"的确立,同时也将高等教育普及化后的大学生学业挑战度偏低的问题推向前沿。

调查显示地方高校 H 大学本科生毕业率较高,淘汰率低,毕业出口关审核不严,本科教育"严进严出"要求还有待进一步落实。本科生学业挑战度在性别、专业、年级、成绩等级、获奖等级、户籍地、学生干部经历、就读高中类型、父母学历、家庭经济水平等方面呈现出统计学上的显著性差异,在很大程度上暴露了地方高校在人才培养环节中存在的通用问题,如学生阅读量、写作量不足、自学能力差、学习动力欠缺、学校满意度低,研究结果在地方高校中具有一定的代表性。对2017—2019届毕业生毕业、学位资格审核简况的分析则进一步说明当前地方高校本科生学位授予标准相对宽松,结业率和申请延迟毕业的学生人数相对较少,近三年本科生毕业率均在98%以上,说明地方高校教学质量管理水平相对较低,需要唤起人们对地方高校本科生学业挑战度及相关问题的重视。

在地方高校中,本科生学业挑战度受多种因素影响,如父母学历背景、家庭经济水平、个人职业发展规划等,且学生主观感受表现较为明显。调查数据显示,男生的学业挑战度高于女生;文学专业学业挑战度最高;大一年级学业挑战度最高,且随着年级的上升,学业挑战度呈现下降趋势;成绩等级多数在60分以下的学生学业挑战度最高,在90分以上的学生学业挑战度最低;未获得奖励的学生学业挑战度最高,获得国家级奖励的学生学业挑战度最低;户籍地为直辖市的学生挑战度最高,农村学生的学业挑战度最低;未担任过学生干部的学生学业挑战度高于担任过学生干部的学生;曾就读重点高中的学生学业挑战度高于普通高中的学生;父母学历越高,子女的学业挑战度越高;父母工作单位越好,子女的学业挑战度越高;家庭经济水平越好,学生学业挑战度越高。但鉴于学生的个性差异和学业挑战度自身的主观性,学生家庭背景和学业挑战度的复杂联系还有待进一步验证。

学业挑战度和课程考试以及毕业标准存在紧密的关联。课程考试挂科率可以视为学业挑战度的评判标准之一,挂科率高,说明课程学习难度较大,学业挑战度也可能相对较高。大体可以将学业挑战度和学生毕业率与结业率的关系归结为:本科生毕业率和学业挑战度存在负相关关系,毕业率越高,学业挑战度越低;结业率和学业挑战度存在正相关关系,结业率越高,学业挑战度越高。造成地方高校本科生结业和申请延迟毕业的主要原因有省计算机水平考试不合格、课程考试不及格、毕业论文不合格、全国大学英语四级考试成绩低于300分、实习不合格等,说明以上学习考核环节对地方高校本科生而言具有一定挑战性。随着学业挑战度的不断提升,课程学习难度随之加大,地方高校本科生结业和申请延迟毕业的人数定然也会有所增加。

地方高校本科生学业挑战度存在的问题和原因是多元的。问题主要有五点:一是学生学业负担较轻,阅读量低;二是课程"水分"过多,学生课堂参与度不高;三是学生学习性投入不足,主动学习意识欠缺;四是地方高校毕业要求不严,考试制度的教育导向作用有限;五是评价制度缺陷,学生学习态度不端正,存在侥幸心理。导致学业挑战度偏低的原因则主要有质量观念的滞后,受浮躁的社会风气影响,课程质量不高,管理机制约束力不强。

借鉴国外高等教育质量保障体系和国内高校振兴本科教育的有益经验来看,地方高校需要保持学业挑战度构建体系的开放性,建立学生学业警示及帮扶机制,加大本科毕业论文抽检力度,严格学生学习过程的监督管理,以课程建设为中心,围绕学生学习兴趣,及时关注就业市场需求的变化,激发学生学习的主观能动性和学习动力,适当合理"增负",不断提升教师教学质量和学生学习质量。只有地方高校通过改革优化传统的课堂教学模式,重视学生学习过程的考核,增加课程学习和考试难度,建设高质量的"金课",提高学士学位授予标准,尊重学生主体地位,构建高等教育普及化背景下的质量标准,才能够有效提升本科生学业挑战度,保障人才培养质量。

二、展望

本书以量化分析为主,通过大量数据反映地方高校本科生学业挑战度的现状,探索提升地方高校本科生学业挑战度的可行路径,实现大学生合理"增负"的科学方法。尽管样本量相对较大,研究者也试图利用多种研究方法保障研究结论的客观性,但学业挑战度本身是一个较为复杂的多影响因素的研究概念,没有统一的测量标准,容易受到学生主观因素的影响,同时研究群体的个性差异较大,也加大了研究的难度,再加上我国地方高校数量众多,类型多样,定位不一,在很大程度上降低了研究结果的适应性和可推广性。

提升地方高校本科生学业挑战度是保障人才培养质量的关键,随着高等教育资源竞争愈发激烈以及国家对高素质复合型人才的重视,地方高校为适应社会要求,会不断提升学习服务品质,使学生能够获得优质的学习过程和结果,促进学生自主全面发展。在高等教育普及化阶段,社会各界对高等教育质量问题会愈发重视,给大学生合理"增负"将得到有效落实,"金课"建设也会持续深入。在学业挑战度的进一步研究中,多学科的研究方法和多元的研究视角也会不断涌现,学业挑战度的理论体系也会不断丰富,高等教育将真正迈向内涵式发展。最终,本科教育教学秩序不仅会得到全面整顿,"严进严出"的高等教育质量控制也会成为现实,我国高等教育强国梦也必将实现。

附录一　地方高校本科生学业挑战度调查问卷

亲爱的同学:

　　您好!非常感谢您参与本次调查!本次调查的目的在于了解地方高校本科生学业挑战度的现状,以此分析学业挑战度存在的问题,调查结果用于改进和提高地方高校的教育质量。问卷题项包括您的学习历程和过程,答案没有对错之分,均采用匿名形式。数据将用于研究使用,请您放心作答。

一、个人基本信息

1. 性别:○ 男　　　　○ 女
2. 年级:○ 大一　　　○ 大二　　　○ 大三　　　○ 大四
3. 专业:
   ○ 文学　　　　○ 法学　　　　○ 工学　　　　○ 理学
   ○ 教育学　　　○ 艺术学　　　○ 管理学　　　○ 历史学
   ○ 经济学　　　○ 其他
4. 在校期间的成绩等级多数为:
   ○ 60 分以下　　○ 60～70 分　　○ 70～80 分　　○ 80～90 分
   ○ 90 分以上
5. 在校获得的奖励:
   ○ 未获得　　　○ 院级　　　　○ 校级　　　　○ 省级
   ○ 国家级
6. 你来自:
   ○ 直辖市　　　○ 省会城市　　○ 地级城市　　○ 县城
   ○ 镇区　　　　○ 农村
7. 你的(社团、班级)学生干部经历:
   ○ 未担任过学生干部　　　　　○ 担任过学生干部
8. 你就读高中的类型:
   ○ 全国重点　　○ 省级重点　　○ 地市重点　　○ 县级重点
   ○ 普通高中　　○ 职业学校　　○ 其他
9. 你父母的最高学历:
   ○ 研究生　　　○ 大学本科　　○ 大学专科
   ○ 高中(包括:高中,职高,中专,技校)　○ 初中　　　　○ 小学及以下

10. 你父母的职业：
○ 国企或事业单位　　○ 普通企业员工　　○ 个体经营　　○ 农民
○ 其他

11. 你的家庭经济水平是：
○ 富裕　　○ 小康　　○ 中等　　○ 温饱
○ 困难

二、地方高校本科生学业挑战度调查

1. 你是否知道《关于狠抓新时代全国高等学校本科教育工作会议精神落实的通知》？
○ 是　　○ 否

2. 你是否收到过本校关于提升学业挑战度，全面提升人才培养质量的相关宣传？
○ 是　　○ 否

3. 你认为取消毕业清考制度能否有效激励你主动学习？
○ 能　　○ 不确定　　○ 不能

4. 你怎样看待大学生挂科现象？
○ 没挂过科　　○ 正常现象　　○ 不认真学习的表现　　○ 其他

5. 你觉得挂科影响大吗？
○ 影响很大，影响考研、奖学金、入党等
○ 影响不大，补考过了就行
○ 没影响

6. 本学年，你每周每门课预习、复习合计投入时间：
○ 0～1 小时　　○ 1～2 小时　　○ 2～3 小时　　○ 3 小时以上

7. 本学年，你每周写作业的时间：
○ 0～1 小时　　○ 1～2 小时　　○ 2～3 小时　　○ 3 小时以上

8. 本学年，你进行以下活动的频率如何？

	很经常	经常	有时	从未
课堂上主动提问或参与讨论	○	○	○	○
课堂上积极回答和思考老师没有既定答案的提问	○	○	○	○
课堂上就某一研究主题做有预先准备的报告	○	○	○	○
课堂上和同学合作完成老师布置的任务	○	○	○	○
反思并对自己的学习过程进行自我评价	○	○	○	○
课堂上质疑老师的观点	○	○	○	○
课堂上有侧重地做笔记	○	○	○	○
课堂上集中精力听老师的讲解	○	○	○	○
做作业或讨论时，能融合不同课程所学的观点或概念	○	○	○	○
课后和同学讨论作业和实验	○	○	○	○

9. 本学年,你修的课程是否强调以下方面?

	非常强调	强调	有点强调	不强调
记忆课堂或阅读中的事实、观点或方法	○	○	○	○
分析某个观点、经验或理论的基本要素,了解其构成	○	○	○	○
综合不同观点、信息或经验,形成新的或更复杂的解释	○	○	○	○
判断信息、论点或方法的价值	○	○	○	○
运用理论或概念解决实际问题,或将其运用于新的情境	○	○	○	○

10. 本学年,你进行以下活动发生的频率如何?

	很经常	经常	有时	从未
去图书馆或自习室学习	○	○	○	○
去听感兴趣的讲座或报告	○	○	○	○
和任课老师讨论分数或作业	○	○	○	○
和任课老师讨论课堂或阅读中的问题	○	○	○	○
和非本班的同学、朋友讨论学习中的观点和问题	○	○	○	○
在课业上帮助其他同学	○	○	○	○

11. 一般来说,本学年你的阅读量有多少?

	0	1~4	5~10	11~20	20以上
指定的教材或参考书(本)	○	○	○	○	○
学术论文/研究报告(篇)	○	○	○	○	○
非指定的书籍(本)(拓宽知识面或休闲)	○	○	○	○	○

12. 你就读的大学是否强调以下方面?

	非常强调	强调	有点强调	不强调
在学业方面投入大量时间	○	○	○	○
课程期末考试的难度	○	○	○	○
毕业论文质量	○	○	○	○
实习过程的验收	○	○	○	○
支持和鼓励学生参与学术科研或实践活动	○	○	○	○

13. 本学年,你的写作量大致有多少?

	0	1～4	5～10	11～20	20 以上
长篇课程论文/报告(篇)(5000 字以上)	○	○	○	○	○
中篇课程论文/报告(篇)(3000～5000 字)	○	○	○	○	○
短篇课程论文/报告(篇)(3000 字以下)	○	○	○	○	○

14. 本学年,你所写作的课程论文/报告是否:

	很经常	经常	有时	从未
提出自己的观点或想法并进行论证	○	○	○	○
和老师/同学反复讨论	○	○	○	○
广泛搜集和查阅资料	○	○	○	○
深入引证大量相关文献和数据	○	○	○	○

15. 本学年,以下活动发生的频率如何?

	很经常	经常	有时	从未
及时获得任课教师的反馈	○	○	○	○
课程的期中考试	○	○	○	○
定期完成课后作业	○	○	○	○

16. 本学年的课程考核方式在多大程度上能激发你更好地学习?

	很小 1	2	3	4	5	6	很大 7
考试	○	○	○	○	○	○	○
论文	○	○	○	○	○	○	○
实验报告	○	○	○	○	○	○	○
个人独立完成的课程作业	○	○	○	○	○	○	○
小组合作完成的课程作业	○	○	○	○	○	○	○

17. 本学年,考试的主要内容是:

	很经常	经常	有时	从未
划定的范围/重点,且只需背诵记忆	○	○	○	○
划定的范围/重点,但需理解和运用	○	○	○	○
不划定范围/重点,且只需背诵记忆	○	○	○	○
不划定范围/重点,但需理解和运用	○	○	○	○

18. 你是否同意以下关于你的主要课程考核的论述:

	非常同意	同意	不同意	非常不同意
通过教师反馈我知道我为什么获得这样的分数	○	○	○	○
通过教师反馈我知道如何改进下一步的学习	○	○	○	○

19. 本学年,在以下方面你的学习动力强弱状况如何?

	很强	强	弱	很弱
探索事物/知识的兴趣	○	○	○	○
就业/升学	○	○	○	○
父母和老师的期望	○	○	○	○
学校氛围和同学的影响	○	○	○	○
挑战/提升自我	○	○	○	○
国家和社会的使命感	○	○	○	○

20. 每学年的考试对你的学习是否有所促进?
没有什么促进 ○ 1 ○ 2 ○ 3 ○ 4 ○ 5 ○ 6 ○ 7 非常促进

21. 周围同学在评教过程中,对课程要求比较严格的老师打分会比较低吗?
○ 很经常　　○ 经常　　○ 有时　　○ 从不

22. 请你从整体上对以下各方面进行评价:

	很好	好	差	很差
你所在的院系给予你的学业指导质量	○	○	○	○
这所大学给予你的学业指导质量	○	○	○	○
你在这所大学的教育经历	○	○	○	○
你在这所大学的师生关系	○	○	○	○

23. 你觉得你的自学能力如何?
○ 很强　　○ 强　　○ 弱　　○ 很弱

24. 仅从学习角度考虑,如果可以重新选择,你还会选择这所大学吗?
○ 一定会　　○ 可能会　　○ 可能不会　　○ 肯定不会

附录二 部分高校关于深化本科教育教学改革的文件

序号	文件名称	网　　址
1	武汉大学关于深化本科教育改革的若干意见(讨论稿)	http://maths.whu.edu.cn/info/1020/2136.htm.
2	武汉大学关于构建以学生为中心的教育教学服务体系的实施意见(讨论稿)	http://maths.whu.edu.cn/info/1020/2136.htm.
3	武汉大学关于进一步加强通识教育的实施意见(讨论稿)	http://maths.whu.edu.cn/info/1020/2136.htm.
4	武汉大学关于深化创新创业教育改革的实施意见(讨论稿)	http://maths.whu.edu.cn/info/1020/2136.htm.
5	武汉大学关于进一步加强艺术教育的实施意见(讨论稿)	http://maths.whu.edu.cn/info/1020/2136.htm.
6	武汉大学关于进一步加强体育教育的实施意见(讨论稿)	http://maths.whu.edu.cn/info/1020/2136.htm.
7	武汉大学关于教师教学工作考核评价与绩效激励的实施意见(讨论稿)	http://maths.whu.edu.cn/info/1020/2136.htm.
8	武汉大学关于进一步加强本科生学习考核评价的实施意见(讨论稿)	http://maths.whu.edu.cn/info/1020/2136.htm.
9	武汉大学关于完善本科教育质量保障体系的实施意见(讨论稿)	http://maths.whu.edu.cn/info/1020/2136.htm.
10	西安电子科技大学关于进一步提升本科教育质量的若干意见	https://info.xidian.edu.cn/info/1010/3882.htm.
11	西安电子科技大学本科教育质量提升计划项目管理办法(试行)	https://jwc.xidian.edu.cn/info/1024/3849.htm.
12	江苏师范大学本科教育思想大讨论活动实施方案	http://eit.jsnu.edu.cn/_t2111/be/61/c16360a310881/page.htm.
13	南京财经大学关于加快建设高水平本科教育全面提高人才培养质量的实施办法	http://jwc.nufe.edu.cn/info/1049/8190.htm.

续表

序号	文件名称	网址
14	广西民族大学关于提升本科学业挑战度+全面提升人才培养质量的实施办法	http://jwc.gxun.edu.cn/info/1960/7366.htm.
15	太原科技大学关于深化本科教育教学改革,全面提高人才培养质量的实施办法	https://xxgk.tyust.edu.cn/info/1144/2717.htm.
16	内蒙古工业大学关于全面提高本科人才培养能力的实施意见	http://jwch.imut.edu.cn/jwzx/infoSingleArticle.do?articleId=11400.
17	湖南理工学院深化本科教育教学改革实施意见	https://jwc.hnist.cn/info/1015/3462.htm.
18	岭南师范学院质量提升工程(人才培养)实施方案(2018—2020年)	http://d.lingnan.edu.cn/spkxygcxy/info/1024/1122.htm.
19	南宁学院本科教育质量提升行动实施方案(2018—2022年)	http://jwc.nnxy.cn/info/1038/1752.htm.

附录三 部分高校学业预警制度

序号	文件名称	网址
1	吉林大学本科学生学业预警工作实施办法	http://gl.jlu.edu.cn/info/1077/12603.htm.
2	中国药科大学学业预警工作管理办法（2017年修订）	http://xyz.cpu.edu.cn/4e/c4/c1072a85700/page.htm.
3	华东师范大学本科生学业预警管理办法	http://www.chem.ecnu.edu.cn/3d/ab/c26640a277931/page.htm.
4	东北师范大学本科学生学业预警工作实施办法（试行）	http://publish.nenu.edu.cn/_local/F/B2/6A/86B276673FA75D6CC7B2F9BB9AE_45A3FD62_436CA.pdf.
5	黑龙江大学学业预警管理办法	http://xgb.hlju.edu.cn/info/2025/4268.htm.
6	成都大学学生学业预警实施办法（试行）	https://coe.cdu.edu.cn/info/1023/1332.htm.
7	内蒙古工业大学土木工程学院本科生学业预警管理办法	http://tmgcxy.imut.edu.cn/info/1054/6971.htm.
8	内蒙古工业大学本、专科学生学业警示工作管理办法	http://hkxy.imut.edu.cn/info/1036/1441.htm.
9	湖南理工学院本科生学业预警管理办法	https://jwc.hnist.cn/info/1020/3427.htm.
10	岭南师范学院本科生学业预警实施细则（试行）	http://xsc.lingnan.edu.cn/info/1151/1616.htm.
11	南京晓庄学院学业预警管理办法	https://hky.njxzc.edu.cn/37/26/c881a79654/page.htm.

附录四　部分省市本科毕业论文抽检规定

序号	文件名称	网　　址
1	江苏省本科毕业论文（设计）抽检工作实施细则（试行）	https://xlxy.ntu.edu.cn/_upload/article/files/c5/81/a883c6bc420ea3d7fa4168bacd98/572e11ae-456f-4c95-a7e6-edeb158b1fba.pdf.
2	江西省本科毕业论文（设计）抽检实施细则	http://jyt.jiangxi.gov.cn/art/2022/1/11/art_30552_3826948.html.
3	福建省本科毕业论文（设计）抽检实施细则（试行）	http://jyt.fujian.gov.cn/xxgk/zywj/202112/t20211213_5792134.htm.
4	四川省本科毕业论文（设计）抽检实施细则（试行）	http://edu.sc.gov.cn/scedu/jyt2021/2021/11/16/d86664fc019f4bc8869cbed5bb99f888.shtml.
5	上海市本科毕业论文（设计）抽检实施细则（试行）	https://www.shanghai.gov.cn/202201gfxwj/20220105/6e5bf61c6ccf4ed28dd849260bb976ab.html.

参 考 文 献

Astinwrited A. Achieving Educational Excellence: A Critical Assessment of Priorities and Practices in Higher Educational[M]. Jossey-Bass Publishers,1985.

Appleton J,Christenson L,Kim D,et al. Measuring Cognitive and Psychological Engagement[J]. Journal of School Psychology,2006,44(5):427-445.

Astin W. Student Involvement: A Developmental Theory for Higher Education[J]. Journal of College Student Development,1984,40(5):518-529.

George K. What We're Learning About Student Engagement From NSSE: Benchmarks for Effective Educational Practices[J]. The Magazine of Higher Learning,2003,35(2):24-32.

Michael F,Angela W,Grace J. Multiple Contexts of School Engagement: Moving Toward a Unifying Framework for Educational Research and Practice[J]. California School Psychologist,2003.

Pace R. Achievement and the Quality of Student Effort[J]. Academic Achievement,1982:91.

Skinner E,Belmont A,et al. Motivation in the Classroom: Reciprocal Effects of Teacher Behavior and Student Engagement Across the School Year[J]. Journal of Educational Psychology,1993,85(4):571-581.

艾兴,王磊.中小学生学业负担:水平、特征及启示[J].教育研究,2016,37(8):77-84.

艾兴.中小学生学业负担:概念、归因与对策:基于当前基础教育课程改革的背景[J].西南大学学报(社会科学版),2015,41(4):93-97.

敖洁,林树苗.提升大学生学业挑战度的内涵、动因及对策[J].湖南人文科技学院学报,2020,37(6):115-119.

白争辉.高等教育质量保障的理论与实践研究[D].广州:华南理工大学,2014.

别敦荣,易梦春,李志义,等.国际高等教育质量保障与评估发展趋势及其启示:基于11个国家(地区)高等教育质量保障体系的考察[J].中国高教研究,2018(11):35-44.

别敦荣,易梦春.高等教育普及化发展标准、进程预测与路径选择[J].教育研究,2021,42(2):63-79.

苍梦可."双一流"建设背景下大学生学业挑战度提升路径研究[D].郑州:郑州大学,2020.

陈洪捷.为学术还是为职业:德国大学学习传统及其变迁[J].北京大学教育评论,2005(2):75-78.

陈丽华.教育质量监测中的学业负担概念厘清与指标建构[J].当代教育科学,2017(8):62-65.

陈丽敏.普通高校本科生学业"增负"策略研究[D].南昌:南昌大学,2021.

陈勇,彭安臣,洪巧红.基于学习性投入理论的军校学情自我诊断[J].高等教育研究学报,2010,33(2):26-28.

程乐乐.大学本科生学习性投入的实证研究[D].大连:大连理工大学,2020.

崔亚楠.新时代河南省本科生学业"增负"研究[D].郑州:郑州大学,2020.

代维祝,王慧.学习挑战度、校园环境支持度与向学的关系研究:以上海某高校为例[J].教育现代化,2019,6(52):208-209.

参考文献

窦心浩,金子元久,林未央.解读当代日本大学生的学习行为与意识:简析2007年度日本全国大学生调查[J].复旦教育论坛,2011(5):79-85.

杜金柱,陶克涛,王春枝.基于内部增值观的本科教育质量调查研究(一):本科教育质量结构性问题[J].内蒙古财经大学学报,2014,12(6):55-60.

杜立娟.减轻中小学生课业负担研究的回溯与前瞻[D].沈阳:沈阳师范大学,2013.

方丹.基于学业负担评价的学校教学管理改进研究[J].教育科学研究,2021(5):91-96.

冯建民,陈善志.新时代本科生科研创新能力的培养与提升:基于毕业论文的视角[J].应用型高等教育研究,2019,4(4):40-46.

冯建民,赵静.高校"本导制"实施现状与改善策略:基于安徽省H大学的调查[J].决策与信息,2017(3):87-92.

弗雷德里克·泰勒.科学管理原理[M].胡隆昶,译.北京:中国社会科学出版社,1984.

弗里德里希·包尔生.德国大学与大学学习[M].张驰,译.北京:人民教育出版社,2009.

付羽.提升大学生学业挑战度 盘点他国学生压力来源[J].劳动保障世界,2018(22):69.

顾明远.教育大辞典[M].上海:上海教育出版社,1991.

郭德红.美国大学课程思想的历史演进[M].北京:中央编译出版社,2007.

哈瑞·刘易斯.失去灵魂的卓越[M].侯定凯,译.上海:华东师范大学出版社,2007.

海迪·罗斯,罗燕,岑逾豪.清华大学和美国大学在学习过程指标上的比较:一种高等教育质量观[J].清华大学教育研究,2008(2):36-42.

韩宝平.大学生学习性投入影响因素分析[J].国家教育行政学院学报,2014(8):77-82.

韩菊花.美国"全国大学生学习性投入调查(NSSE)"评价项目研究[D].北京:首都师范大学,2012.

韩莹.美国大学生学习结果外部评估研究[D].开封:河南大学,2017.

胡惠闵,王小平.国内学界对课业负担概念的理解:基于500篇代表性文献的文本分析[J].教育发展研究,2013,33(6):18-24.

胡慧妮.L大学本科生学习性投入研究[D].兰州:兰州大学,2013.

黄慧娟.关于美国高等教育质量保障体系的初步研究[D].福州:福建师范大学,2005.

黄美娟.美国"全国大学生学习性投入调查"(NSSE)研究[D].上海:上海师范大学,2014.

黄瑜,孔维民.大学生考试焦虑与主观课业负担关系的调查[J].中国校医,2007(5):499-501.

黄雨恒.一流大学建设高校本科生学业挑战度的水平与变化:基于中美学情调查2011-2018年时序数据[J].重庆高教研究,2021,9(04):78-90.

黄元国.大学学习是指向生命成长的过程[J].大学教育科学,2017(6):17-21.

贾宏春.芬兰高等教育评估的内容与特点[J].中国高等教育,2021(7):62-64.

贾莉莉.美国大学如何提升本科生的学习质量:基于"大学学习测评项目"的经验与启示[J].高教探索,2017(7):54-61.

姜丽华.中日中小学生课业负担现状的比较研究[J].辽宁师范大学学报,1999(1):41-43.

金子元久.高等教育财政与管理[M].刘文君,译.上海:华东师范大学出版社,2010.

凯文·凯里.大学的终结:泛在大学与高等教育革命[M].朱志勇,韩倩,译.北京:人民邮电出版社,2017.

克拉克·克尔.高等教育不能回避历史:21世纪的问题[M].王承绪,译.杭州:浙江教育出版社,2001.

李宝,张文兰,张思琦,赵姝.混合式学习中学习满意度影响因素的模型研究[J].远程教育杂志,2016,34(1):69-75.

李继兰.减轻中小学生过重课业负担问题的思考[J].内蒙古师范大学学报(教育科学版),2002(S1):25-27.

李佳.减轻我国中小学生学业负担的综述研究[J].基础教育,2008(4):6-9.

李秋丽,颜玄洲,王可.大学生合理"增负"的必要性及路径探析:基于学习性投入视角[J].现代农村科技,
　　2020(2):100-102.
李诗媛,刘增霞,买梦琳,郭媛,蔡丽,杨杭.大学生自主学习能力与专业承诺的相关性研究[J].高教学刊,
　　2019(6):43-45.
李祥城,尹传峰,孙宗明,付娟.当前大学生课业负担调查分析与研究[J].青春岁月,2012(21):46-47.
李晓婵.文理科大学生学习性投入的差异分析及对策研究[D].广州:华南理工大学,2015.
廖大海.走向现代教育:减轻学生过重课业负担新探索[M].北京:北京大学出版社,2000.
林树苗.大学生学业挑战度对学习收获的影响研究[D].长沙:长沙理工大学,2021.
刘丹.高中生学业负担态度、心理韧性与学习性投入的关系研究[D].石家庄:河北师范大学,2011.
刘合荣.事实与价值:教育哲学视角的学业负担问题研究[D].武汉:华中师范大学,2007.
刘瑞玲.新课改下高中数学课业负担的调查研究[D].武汉:华中师范大学,2013.
刘石秀.适合视野下的初中生课业负担研究[D].兰州:西北师范大学,2020.
刘献君.论大学学习[J].江苏高教,2016(5):1-6.
刘英华.地方高校应用型本科人才培养模式研究[D].南昌:江西科技师范大学,2015.
刘颖,林晓,沈岚,等.学业挑战度视角下的中药药剂学探索性实验教学[J].时珍国医国药,2019,30(8):
　　1989-1991.
刘在花.学校氛围对中学生学习投入的影响:学校幸福感的中介作用[J].中国特殊教育,2017(4):85-90.
龙宅俊.漫谈语文教学减轻学生课业负担[J].江西教育,1964(4):23-24.
卢锴锋.医学院大学生考试焦虑与主观课业负担和成就动机的相关研究[D].石家庄:河北师范大学,2011.
罗敏.高中生学业负担过重的成因及"减负"策略[D].上海:上海师范大学,2012.
马凤岐.建设"金课"是提高通识教育质量的关键[J].高校教育管理,2019,13(4):57-63.
马凤岐.教育政治学[M].人民教育出版社:北京,2019.
马廷奇.论大学教师的教学责任[J].高等教育研究,2008(5):20-25.
毛建国.大学生合理增负才能行稳致远[N].汕头日报,2018-09-07(F02).
米子川,李毅,郭亚楠.过程性学习投入对大学生学习成绩的影响:基于NSSE测量的比较[J].高等财经教
　　育研究,2018,21(4):6-14.
潘红丽.中美高等教育质量保障体系的比较研究[D].桂林:广西师范大学,2010.
潘懋元.《本科院校质量保障体系研究》序[J].佛山科学技术学院学报(社会科学版),2008(2):88-89.
潘懋元.《学习风格与大学生自主学习》书评[J].西安交通大学学报(社会科学版),2004(4):95-96.
潘懋元.高等教育学[M].北京:人民教育出版社,1984.
裴英竹.大学生"增负"的实践困境及破解建议[J].社会科学家,2020(4):156-160.
齐双悦,黎小丽,何颖诗,龙云.教育部"增负"政策下当代大学生的学习现状及其认知和态度响应:基于衡阳
　　市南华大学的调研[J].教育现代化,2018,5(50):144-145+162.
齐欣.对减轻学生课业负担和加强学校德育工作的再认识[J].教育探索,2000(5):8-9.
秦雪敏,赵必华.35所本科院校学生学业挑战度的现状调查[J].科教导刊(电子版),2018.
屈廖健,王书琴,宁会苗.全美本科生博雅教育质量追踪调查项目研究与启示[J].高教探索,2020(12):
　　44-49.
沈苹,马安东.大学生视力不良的现状及分析[J].豫西农专学报,1988(2):44-47.
沈玉顺.中小学生学业负担过重问题的评价学分析[J].教育理论与实践,2000(6):28-31.
施良方.课程理论[M].北京:人民教育出版社,1996.
施铁如.学业负担模型与"减负"对策[J].教育导刊,2002(Z1):42-45.

史静寰,涂冬波,王纾,等.基于学习过程的本科教育学情调查报告 2009[J].清华大学教育研究,2011,32(4):9-23.

唐纳德.肯尼迪.学术责任[M].阎凤桥,译.北京:新华出版社,2002.

田小军.大学生学习性投入视角下的高校课程质量问题研究[D].重庆:西南大学,2016.

汪凤炎,燕良轼.教育心理学新编[M].暨南大学出版社:广州,2011.

汪雅霜.大学生学习性投入度的实证研究:基于 2012 年"国家大学生学习情况调查"数据分析[J].中国高教研究,2013(1):32-36.

王桂艳.美国高校内部质量指标研究[D].厦门:厦门大学,2013.

王娟娟.基于大学生学习性投入调查下的本科教育质量研究[D].重庆:重庆大学,2011.

王盼盼.翻转课堂教学中的大学生学业挑战度研究[D].南京:南京师范大学,2021.

王纾.研究型大学学生学习性投入对学习收获的影响机制研究:基于 2009 年"中国大学生学情调查"的数据分析[J].清华大学教育研究,2011,32(4):24-32.

王贤文,周险峰.学业负担治理研究十年:回顾与展望[J].河北师范大学学报(教育科学版),2021:121-127.

王银鹏.中学生学业负担态度与学校幸福感的关系[D].西安:陕西师范大学,2012.

文静.大学生学习满意度实证研究[M].北京:教育科学出版社,2015.

文雪,扈中平.从博弈论的角度看"教育减负"[J].中国教育学刊,2007(1):22-24.

邬大光,滕曼曼,李端淼.大学本科毕业率与高等教育质量相关性分析:基于中美大学本科毕业率数据的比较分析[J].高等教育研究,2016,37(12):56-65.

邬志辉.关于学生负担问题的深层次思考[J].课程.教材.教法,1998(1):14-16.

吴凡.本科生学业挑战度的调查研究[D].北京:北京师范大学.2010.

吴凡.中美研究型大学本科生学业挑战度的比较研究[J].中国大学教学,2012(10):92-96.

吴敏.初中生学业负担现状调查与对策研究[D].上海:华东师范大学,2009.

吴妍艳.德国高等教育内部质量保障体系研究[D].厦门:厦门大学,2017.

伍红林.从《博耶报告三年回顾》看美国研究型大学本科生研究性教学[J].高等工程教育研究,2005(1):79-82.

习近平.青年要自觉践行社会主义核心价值观[EB/OL].http://www.xinhuanet.com/politics/2014-05/05/c_1110528066.htm,2014-05-05.

项贤明.七十年来我国两轮"减负"教育改革的历史透视[J].华东师范大学学报(教育科学版),2019,37(5):67-79.

肖仕卫.大学生学业合理"增负"的实现路径研究[J].中国高教研究,2018(10):93-97.

谢安邦.高等教育学[M].北京:高等教育出版社,1999.

熊丙奇.大学要实行学业"增负",就业"减负"[N].第一财经日报,2009-05-13(A13).

熊丙奇.该给"快乐"的大学合理"增负"了[N].中国科学报,2018-06-25(001).

徐国兴.日本高等教育质量保障体系的多样化、多元化和一体化[J].高等教育研究,2009,30(5):99-102.

燕子涵.初二学生情绪调节能力、学业负担态度及心理健康的关系和干预研究[D].西安:陕西师范大学,2014.

杨峥威,肖毅.高职院校学生学业挑战程度现状调查与分析[J].职业教育(下旬刊),2015(5):3-5.

杨状振.大学生"增负"评教制度要完善[N].中国青年报,2018-07-23(010).

佚名.积极设法消除学生过重的课业负担[J].人民教育,1954(1):11-12.

殷玉新,郝健健.新中国成立 70 年来我国学业负担政策的演进历程与未来展望[J].首都师范大学学报(社会科学版),2019(6):172-179.

尹弘飚.行为观、心理观与社会文化观:大学生学习性投入研究的视域转移:兼论中国高校教学质量改进[J].华东师范大学学报(教育科学版),2020,38(11):1-20.

俞亚萍.高校教师评价制度:问题检视、成因诊断与优化策略[J].黑龙江高教研究,2018,36(10):104-107.

袁琳.德国高等教育国际化发展研究[D].重庆:西南大学,2011.

约翰·洛克.教育漫话[M].傅任敢,译.北京:人民教育出版社,1985:24.

岳小力.基于学生参与经验问卷调查的高等教育评价新途径[D].上海:复旦大学,2009.

张丰.学业负担的实质:学生消极的学习体验[J].基础教育课程,2020(9):78-80.

张锋,邓成琼,沈模卫.中学生学业负担态度量表的编制[J].心理科学,2004(2):449-452.

张进凤.N大本科生课程挑战度的实证研究[D].南京:南京大学,2020.

张静静.基于学习性投入视角的高等学校教育质量提升研究[D].贵州:贵州大学,2015.

张男星,黄海军,孙继红,等.大学师生双重视角下的本科教育多维评价:基于全国高等教育满意度调查的实证分析[J].中国高教研究,2019(7):70-77.

张善超,徐敬平.减轻课业负担与教学改革:70年的探索与实践[J].当代教育论坛,2020(2):8-13.

赵蕾,王春枝,陶克涛.生师互动、学业挑战度与大学生学习收获:兼论中蒙经济走廊蒙汉兼通人才培养[J].内蒙古财经大学学报,2020,18(1):93-100.

褚远辉.对学生课业负担的理性思考[J].青年探索,2000(6):17-20.

中华人民共和国教育部计划财务司.高等中国教育成就统计资料1949-1983[M].北京:人民教育出版社,1984.

钟秉林,王新凤.普及化阶段我国高校教学质量评价范式的转变[J].中国大学教学,2019(9):80-85.

钟占魁.减轻学生课业负担不是纯方法问题[J].江西教育,1964(4):21.

邹杰梅.重庆市大学生学习性投入调查[D].重庆:西南大学,2012.

后　　记

　　本书源于本人的硕士论文《地方高校本科生学业挑战度提升研究》。本书既是对硕士论文研究深度不足的弥补,也是对学业挑战度课题研究深度的拓展。拙作的完成离不开导师的支持和帮助,是导师带我进入了高等教育研究的大门,导师的辛苦栽培让我受益良多,使我具备了初步的研究能力可以在高等教育研究领域有所发挥,同时,在此也要感谢编辑老师们的辛勤付出,还要感谢我的家人和朋友,是他们的支持和鼓励让我走到现在。

　　至今仍然清晰记得第一次见冯建民导师的情形,他不苟言笑,教导我要打好专业理论基础,叮嘱我在学习上要踏实努力,随着我带上第一篇撰写的学术论文找导师交流修改的时候,我才真正意识到自身存在的不足。第一篇学术论文前后修改近十次,耗时近五个月,才最终发表成功,期间导师的耐心指导让我受益颇深。与导师接触久了,发现导师平易近人,他送了我许多高等教育领域的专著,他既关心我的学习,又关心我的生活。导师渊博的理论知识和严谨踏实的学术素养以及认真负责的工作作风对我产生了深远影响。作为导师的第一个男弟子,导师对我要求高却不严苛,不但鼓励我参加各种学术会议,还为我报销购买书籍资料、办公用品和论文发表的费用,同时提供专门的自习室仅供我使用,为我的学习和研究创造了良好的条件。我非常庆幸在读研期间能遇到冯建民导师这样的良师益友。在导师的悉心指导下,我积累了学术论文的撰写、发表和课题申报、结项的经验,大大提升了我的学术能力和专业自信。

　　在硕士论文撰写期间,冯建民导师就要求我养成历史的视野和比较的视野,立足解决教育现实问题,纵观国内外教育大局,从历史的角度探寻教育现象背后的规律。奈何才疏学浅,硕士论文未能达到导师要求的高度。工作半年后,我的邮箱收到南京师范大学教育技术学王盼盼同学的咨询,她的硕士论文选题也和学业挑战度相关,这次线上交流经历,让我初次体会到研究成果为他人提供参考和帮助的喜悦,也进一步让我产生了对这一课题开展持续深入研究的想法。但面对行政工作和学术科研的冲突,我分身乏术,一时无法全身心投入,在和冯老师交流后,他给出了宝贵意见和建议,并分享了自身经验,使我明白了怎样正确看待工作和科研。于是,在导师的鼓励下,我重拾了学业挑战度的研究,在寒暑假期间搜集了部分高校和省市提升学业挑战度的通用做法,整理后发现国内振兴本科教育的改革和探索,主要集中于高校关于深化本科教育改革、完善或提升本科教育质量、建立学业预警制度、全面提高人才培养质量、本科毕业论文(设计)抽检工作实施细则等政策文件的落实,但效果不尽如人意,未能从根本上改变本科生学业挑战度不高的事实。多数高校均存在学生上课认真听课的比率不高,存在考试作弊现象,看上去比较简单的公共课、选修课、思政课挂科率上升趋势明显,逃课、上课睡觉、玩手机正悄然成为常态。甚至因公选课挂科导致学分、绩点不够已成为下达毕业预警或学业预警的重要因素。学业挑战度的水平高低和人才培养质量高度相关，究其根本，背后反映的是一系列复杂的教育改革问题，目前，本科教育改革没有引起足够的重视，政策导向聚焦程度不深，质量危机意识不足，资源投入不到位，难以推动"四个回归"。科学合理地提升大学生学业挑战度，提高学生学习成效，推动高校内涵式发展，仍将是新时代高校课程教学改革的重点和方向。

在本书撰写过程中，借鉴、参考和引用了国内外大量的相关研究成果，在此对这些作者表示最诚挚的感谢和敬意。此外，最需要感谢的是我的父亲，是他把我养大，他诚实、温和、正直、善良的优秀品质，使我受益终身。由于本人学识有限，本书不妥之处，敬请批评指正！

陈善志
2023 年 5 月于徐州